광주문화재단 누정총서 3

면앙정

글 최한선
현판 번역 김대현

책을 펴내며

지혜의 보고, 누정여행 길잡이

   현대를 사는 우리들은 항상 무엇인가에 쫓기듯 살아갑니다. 자주 시계를 보며 시침과 분침은 물론 초침까지도 살피게 됩니다. 저마다 삶을 영위하기 위해 벌이는 사투는 육체와 정신을 피로하게 합니다. 너나없이 삶의 의미를 묻게 되고 쉴 만한 곳을 찾게 됩니다. 잠시라도 여유를 갖고자 여행을 꿈꾸기도 합니다.
   광주문화재단의 풍류남도나들이 사업은 이러한 의문과 소원에서 탄생하게 되었습니다. 선조들의 삶과 그 내면을 들여다보며 가르침을 얻으려 한 것이지요.
   광주와 담양이 만나는 무등산 자락에는 빼어난 풍광은 물론 지혜의 보고가 펼쳐져 있습니다. 자연의 아름다움을 한껏 품은 자리에 자연을 거스르지 않으며 조화롭게 자리한 누정들이 그것입니다. 세상의 명예와 부귀를 탐하지 않고 오로지 자연을 벗 삼아 자기 수양에 힘썼던 선비들의 올곧은 삶. 그들의 깊이 있는 학문과 수준 높은 문학작품은 각박한 시대를 살아가는 우리에게 많은 울림과 감동을 전해 주고 있습니다.
   하지만 그들의 삶과 학문과 문학작품에 한 걸음 다가가기 위해서는 딱딱한 전문서적과 씨름해야 하는 어려움이 남아 있었습니다. 배낭 하나 메고 훌쩍 떠나는 여행길에서 몸과 마음을 풍요롭게 할 만한 누정 길잡이 책은 왜 없을까. 누정총서 시리즈를 기획하고 발간하게 된 까닭입니다.

이번 총서에서는 9곳의 누정을 다루었습니다. 일동삼승(一洞三勝)이라 불리는 소쇄원, 식영정, 환벽당을 비롯하여 독수정, 명옥헌, 면앙정, 취가정, 풍암정, 송강정입니다. 광주에는 수많은 누정이 있지만, 그 역사적 연원과 당대의 인지도를 감안할 때, 무등산 자락 누정들의 안내서가 더 시급하다고 여겼기 때문입니다. 총서의 순번은 누정의 건립연대와 그곳에 얽힌 인물들을 고려하여 매겼으나 자료의 많고 적음에 따라 부득이 몇 곳은 합본을 하였습니다.

이번 총서는 쉽고 재미있습니다. 의미도 깊습니다. 필진으로 참여한 전문 연구자들이 일반 독자들을 배려한 애정이 곳곳에서 빛을 발합니다. 좀 더 관심 있는 독자를 위해 누정 현판의 원문과 번역도 함께 실었습니다. 다양한 각도와 때를 달리한 사진들은 텍스트와는 또 다른 책 읽는 즐거움을 선사할 것입니다.

우리는 이 책들이 무등산 자락 누정을 찾는 여행객들의 사랑을 듬뿍 받기를 소원합니다. 삶의 의미를 되새기고 마음의 정화를 얻어가는 지혜의 여행길에 일조하는 안내서가 되길 바랍니다. 그리고 첫발을 내디딘 누정총서에 더 많은 누정들이 소개되기를 바랍니다.

누정총서 발간에 애쓰신 분들의 노고에 깊은 감사를 드립니다.

2018년 초겨울
광주문화재단 대표이사 김윤기

차례

책을 펴내며   4

1\. 감성이 그리운 시간   12

2\. 하늘·땅·사람을 상징하는 면앙정   18
    면앙정인가 부앙정인가?
    면앙정의 의미와 건립 시기
    면앙정과 풍수지리
    면앙정의 건축학적 구성
    가을날 석양에 오르면 누구나 부자

3\. 면앙정 송순과 면앙정   30
    면앙정 송순은 누구
    송순의 생애와 활동
    송순과 면앙집
    시심의 고향 면앙정

4. 면앙정 문학의 향연   44
   한국가사의 백미 「면앙정가」
   「면앙정가」, '이성-감성-이성'의 구성
   선비의 우리말 정신과 가사
   면앙정 단가의 아름다움
   「면앙정 30영」의 미학
   「면앙정 30영」 제목
   석재 윤행임의 면앙정 30영
   「면앙정 30영」을 지은 사람들

5. 누정의 역동적 창조성   114

여행 길잡이
우러르고 내려다보는 것도
감당하기 어려워라, 면앙정   120

면앙정 현판   126

면앙정俛仰亭

1
감성이 그리운 시간

　요즈음 쓰이는 말 가운데 대세는 인문학, 인성, 감성 그리고 상상력과 창의성이라는 말들이다. 그중에서도 감성이라는 말은 감성 교육은 물론 감성 여행, 감성 정치, 감성 경영 등 여러 방면에 두루 쓰이는 신종 유행어가 되었다. 이런 데에는 그럴 만한 이유가 있을진대 아마도 오늘날 사회적 경향이 지나치게 자본과 금속성에 함몰되어 차디찬 이성의 끈으로 사람들의 자유로운 삶을 묶거나 수동적 능력을 따져 묻는 입시제도 등 공리를 앞세운 나머지 심미적, 주체적 사유의 힘을 앗아간 데서 연유한 것으로 판단된다.

　오늘날은 학문 간 융·복합이 일어나 뜻밖의 결과를 가져오며, 산업에서는 4차 산업 곧 인문학과 공학의 결합 등 상상력을 넘어선 이종(異種)을 창조하는 시대이지만, 상대적으로 퇴행적 상태를 지속하는 것은 감성과 상상력 그리고 창의성의 부재가 아닌가 싶다.

　그래서 떠오른 것이 다름 아닌 인문학을 바탕으로 한 상상력의 힘, 감성의 위력이다. 현대의 우리가 지각한 것들, 철저하게 기계적이고 계산적이며 이성적이고 수동적으로 각인된 것들에서 벗어나, 우리 인간의 깊은 심리 속에 있는 아니마(여성성)를 찾아내는 활동이 다름 아닌 상상력의 발동이다. 이 상상력은 개념화, 객관화된 이성과 함께 인간이 지닐 수 있는 의식 활동이 되어 서로 보완적으로 무엇을 만들어 내는 창조성과 긴밀한 관련을 가진다.

그렇다면 이렇게 중요한 상상력은 어디에서 가장 잘 길러지는가? 다름 아닌 감성이다. 그 감성의 획득은 시에서만큼 더 풍부하고 인간적이며 살가운 곳이 드물다. 우리가 오늘의 도회지적 각박한 삶을 뛰쳐나와 자연에서 '힐링'을 하고픈 것처럼, 면앙정(俛仰亭) 송순(宋純, 1493~1582) 역시 당시의 정치 현실로부터 벗어나 자유로운 영혼이 되고픈 것은 마찬가지였다.

귀거래(歸去來)의 선망, 송순은 정치 현실에서 벗어나 인생의 여정에서 체득한 경륜과 지혜로 충분히 곰삭고 발효된 자신의 존재 가치를 발견했던 학자요 시인이며 정치가였다.

그런데 지금의 우리는 어떤가? 언제부터인가 우리는 조급증에 사로잡혔다. 은근히 기다려야 맛볼 수 있는 발효의 깊은 미감이나 궁둥이로 버티고 뭉개어 얻는 끈기의 성취감은 오간 데 없어지고 말았다. 샘물을 떠먹는 방법 찾기의 몰두, 어떻게 하면 남보다 많이 빠르게 샘물을 떠먹을 수 있을까만 생각해 왔기 때문에 그 샘물이 고갈될 것이라는 자명한 사실을 간과하고 소홀히 했다. 그 결과 이제는 샘물이 말라 버린 것이다. 목이 말라 죽을 지경에 이르러 샘을 새로 파야겠는데 샘 파는 기술자가 없다. 그저 샘물을 퍼내는 데만 골몰했기 때문에, 샘물이 마를 것이라는 생각을 미처 하지 못했기 때문에 빚어진 결과이다.

 말라 버린 샘물 같은 사회 현실, 날이 갈수록 점점 건조한 이성(理性)이 판치는 사회가 가속화될 전망이다. 제 4차 산업이니, 새로운 사회니 하면서 IOT(사물 인터넷), AI(인공 지능), BIG DATA (빅 데이터), 미래 예측(DEEP LEARNING) 등으로 무장한 속도전은 지구 멸망의 그날까지 지속될 공산이 크다.

 그렇다고 걱정만 하고 있을 수 없는 우리의 다급한 현실에서 그 대안으로 감성을 그리워해 본다. 아니다. 이성이 잘 발효된 감성 공간, 우리 내의 아니마를 찾아 나서기로 한다. 성급한 생각을 발효시키고 조급한 마음을 숙성시키며 획일화된 사유를 다채롭게 채색할 수 있는 시간과 기회를 가져보자는 제안을 하는 것이다.

 좋은 샘물은 깊은 수맥에서 나온다. 깊은 샘은 하루아침에 팔 수 있는 샘이 아니다. 풍부한 수맥을 발견할 줄 아는 지혜와 은근과 끈기의 샘 파기 노력이 있어야 한다. 감성이 그리운 시간에 생각의 발효 공간 면앙정을 찾아 나서보자.

2
하늘·땅·사람을 상징하는 면앙정

면앙정인가 부앙정인가?

전망이 시원하게 툭 트인 곳, 바람이 자재로 들고 나며, 낮에는 머리 위로 구름이 흐르고 밤이면 주먹만 한 별들이 은총을 퍼붓는 곳, 그런 곳에 조그만 거처를 마련하고, 친구를 불러 모아, 계절의 변화가 가져다주는 색다른 산수 그림을 감상하면서, 시국을 논하고, 강학을 하며, 시문을 읊다가 목이 마르거든, 찻잎을 따다 놓고 물을 끓인다. 물이 약간 식기를 기다려 찻잎을 넣고 천천히 후후 불면서 자연의 기운을 듬뿍 담아 목을 축이고 생각을 가다듬었던 사람들, 누정을 경영했던 선비가 그들이다.

담양군 봉산면 제월봉 자락에 있는 면앙정은 그 가운데 하나이다. 면앙정은 송순의 호이자 정자의 이름이다. 그런데 면앙정의 면은 '부'로도 읽는다. 면과 부는 둘 다 '숙이다'의 뜻을 가진다. 따라서 면앙이든 부앙이든 '숙이고 우러르다'의 의미다. 한때 학계에서는 면앙정은 송순의 호이므로 그가 지은 정자는 부앙정으로 읽어야 옳다는 주장이 있었다. 하지만 후손들의 증언에 따르면 오래전부터 송순을 '면앙정 조부님'이라고 불러왔다고 한다. 이제는 학계에서도 후손의 뜻과 증언에 따라 면앙정으로 부르고 있다.

면앙정의 의미와 건립 시기

면앙정이라는 말은 무슨 의미를 가졌을까? 그것은 우리나라 최초의 3행시 「면앙정가 삼언(俛仰亭歌 三言)」에 잘 나타나 있다.

숙이면 땅이요	俛有地
우러르면 하늘이라	仰有天
그 가운데 정자를 앉혔으니	亭其中
호연지기 흥취가 이는 구나	興浩然
바람과 달을 초대하자	招風月
산과 시내도 불러오자	揖山川
지팡이 짚었다만	扶藜杖
한 백년은 끄떡없다	送百年

이 시에서 보는 바와 같이 면앙정은 하늘, 땅, 정자를 지은 사람 곧 천지인 삼재(三才)를 상징한다. 하늘과 땅 사이에 사는 사람, 하늘의 위대함과 땅의 자애로움을 아는 사람, 송순이 정자를 짓고 자신의 호를 따서 정자 이름을 면앙정이라고 지은 이유를 알 것도

같다. 하늘과 땅에 비하면 한없이 작은 존재가 사람 아닌가? 면앙정이라는 정자는 다름 아닌 하나의 우주요 세계를 뜻한다. 그런 정자의 주인은 자신의 존재를 어떻게 생각했을까? 하늘은 누구이고 땅은 또 누구인가?

군이 애써 알려고 하지 말자. 유교적 사유에 갇혀 하늘과 땅은 임금이며 정자 주인은 신하요 백성이라는 억측 아닌 억측을 하지 말자. 왜냐하면 다음의 시조가 그런 억측을 가로막고 있기 때문이다.

십년을 경영하여 초려삼간 지어내어
나 한 칸 달 한 칸 청풍 한 칸 맡겨두니
강산은 들일 데 없으니 둘러두고 보리라

송순이 면앙정을 짓고 나서 지은 시조다. 정자를 짓겠다는 뜻을 세우고 땅을 구입한 지 십년 만에 초가 삼 칸의 정자를 지었다. 이 시조에 임금이나 신하의 주종 개념은 들어갈 여지가 없다. 시가 아무리 사실적이 아니라 해도, 이 시는 사실의 진술 외에 다른 상징이 얹힐 겨를이 없다.

그렇다면 면앙정은 언제 지어졌는가? 이 정자 아래로는 여계천(餘溪川)이 흘렀는데 철도개발로 인해 지금은 물줄기가 정자로부터 100여 미터 떨어져 흐른다. 면앙정의 뒷면으로는 시원하게 봉산면의 들녘이 펼쳐져 보이며 멀리 혹은 가까이로 추월산·병풍산·삼인산·금성산 등이 바라다보인다.

면앙정 아래 여계천은 철도개발로 지금은 정자로부터 100여 미터 떨어져 흐른다.

면앙정에서 바라본 병풍산과 삼인산

면앙정은 담양권의 60여 개에 달했던 누정의 하나로 조선 초 전신민의 독수정, 16세기 초반(1530년)에 지은 양산보의 소쇄원에 이어 세 번째인 1533년에 건립되었다. 송순은 32세 때(1524년) 누정 건립의 뜻을 세우고 같은 마을의 곽씨(郭氏)로부터 땅을 구입한 뒤 10년 만에 중추부사대사헌(中樞府司大司憲)의 직을 그만두고 향리에 내려와 있으면서 정자를 지었다. 초창기 면앙정은 아마 초가지붕을 한 초정(草亭)이었을 것으로 추정된다.

면앙정은 창건된 지 20년 후인 명종 7년(1553년), 송순의 나이 62세에서 65세 사이에 중창되었는데, 그가 66세 때 전주부윤으로 나가기 전에 해당되며, 당시 담양부사였던 국재(菊齋) 오겸(吳謙)의 도움으로 이루어졌다.

면앙정과 풍수지리

조선시대 선비는 정신적 사고에서 매우 유연했다. 그들은 승려와 더불어 세계관을 초월한 시적 교유를 마다하지 않았으며 풍수지리학에도 깊은 관심을 가졌다. 유학자들을 자칫 정형화된 사고를 가진 고리타분한 사람으로 보는 경향이 있었는데 이는 유교와 유학자를 잘 모르는 편견과 무지의 소치이다.

면앙정의 지정학적 위치는 송순이 지은 가사 「면앙정가」에 잘 나타나 있다.

무등산 한 활기 산이 동쪽으로 뻗어 있어

> 멀리 떨쳐와 제월봉이 되었거늘
> 끝없이 넓은 들판에 무슨 생각하느라
> 일곱 굽이 한데 뭉쳐 우뚝우뚝 벌여놓은 듯
> 가운데 굽이는 구멍에 든 늙은 용이
> 선잠을 막 깨어 머리를 앉혔으니
> 넓은 바위 위에 송죽을 헤치고
> 정자를 세웠으니 구름 탄 청학이
> 천 리를 가려고 두 날개를 벌렸는 듯

「면앙정가」의 앞 부분이다. 위에서 보는 바와 같이 면앙정은 무등산 줄기의 하나인 제월봉 아래에 위치하고 있다. 제월봉 기슭, 일곱 굽이 중에서 가운데 굽이에 정자를 앉혔다고 했다. 그 굽이의 모습이 우뚝하다는 말을 늙은 용이 선잠을 막 깨서 고개를 들고 사방을 살피는 모습과 같다고 했다. 그 형상화의 수법이라니, 마치 직접 보는 것처럼 눈에 선명하게 들어오지 않는가?

면앙정에서 바라보는 봉산면의 들판은 나락이 익어가는 추석 무렵이면 정말이지 황운(黃雲) 곧 황금 밭이다. 전망이 어찌나 좋은지 혹자는 나주 금성산, 영암 월출산까지 바라 뵌다고 허풍을 떨 정도다. 전망이 좋은 곳일 뿐만 아니라 명당이라는 의미를 소나무와 대나무가 울창하다는 말로 드러냈다. 그런 곳에 신선이 쉬었다 갈 만한 너른 바위가 있음은 당연하다. 송순은 오래전부터 이 터가 명당임을 알아보고 터를 구입한 뒤 10년 만에 정자를 세웠다.

면앙정의 건축학적 구성

전라남도 기념물 제6호인 면앙정은 정면 3칸, 측면 2칸의 골기와 팔작지붕을 하고 있다. 방 앞과 옆으로는 마루가 놓여 있으며 마루 가운데는 아담한 방이 갖추어져 있다. 이는 식영정 등 남도 여러 지역의 누정과 비슷한 구성이다.

여기서 궁금한 생각을 하나 가져보자. 위에서 보인 송순의 시조에서는 면앙정이 초가 삼 칸이라고 했는데 지금의 모습은 방이 한 개뿐이다. 이때 삼 칸의 의미를 어떻게 이해해야 할까? 방이 세 개라고 이해할 것인가? 아니면 전통 건축학적으로 이해할 것인가? 송순이 선비요 학자인 점을 감안한다면 면앙정은 방이 세 개인 집으로 이해함이 더 마땅할 듯도 하다. 하지만 일반적으로 전통 건축물에서 칸 수는 기둥과 기둥 사이를 말한다. 그렇게 하여 지금의 모습이 정면 삼 칸이니, 삼 칸 집이라고 이해하고 넘어가려니 어딘가 석연치 않은 마음이 든다. 왜냐하면 송순이 면앙정을 두세 차례 개축한 데다가 지금의 모습도 여러 차례 개보수한 것이기 때문이다. 아, 마음속에 그려본 집, 초가 삼 칸 집이 자꾸만 눈앞에 아른거린다. 이럴 때 누정의 의궤라도 있다면….

가을날 석양에 오르면 누구나 부자

면앙정에 오르면 북으로 추월산, 정면의 삼인산과 이구산, 그리고 남으로 용진산과 불대산을 조망할 수 있어 호연한 기상이 절로 든다. 그것도 그러하거니와 서정적 미감을 아는 사람이라면, 남도 시단의 낭만적 감성의 감칠맛을 맛보고자 한다면, 가을날 연출하는 봉산면 들녘의 금빛 향연을 꼭 한번쯤 보라고 권하고 싶다. 왜 남도 사람들이 다정다감하고, 정적이며 시·화 삼절에 빠져 사는지 이 한 장면으로도 어지간히 이해할 수 있을 것이다.

가을 추석 무렵, 나락이 토실토실 익어가면서 황금빛을 유감없이 발휘할 즈음 석양 무렵에 면앙정에 올라보자. 아무리 가난한 사람이라도 금세 부자가 된 것 같은 풍요로움에 흠뻑 젖어 돌아갈 시간을 잊을 것이다. 송순이 늘 실천하고자 다짐했던 관용과 대도의 생활신조가 바로 이런 데서 형성되지 않았을까. 〈변산〉이라는 영화에서 "내 고향은 폐항, 가난해서 노을밖에 줄 게 없다."고 한 말이 이곳에 오면 실감이 난다. 금빛으로 물든 들녘에 포만한 사람이 어찌 좌우의 이념 대립이나 갑을의 신분 갈등을 따질 수 있으랴!

3
면앙정 송순과 면앙정

면앙정 송순은 누구

담양군 봉산면 기촌 마을에서 태어난 송순(宋純, 1493~1582)은 호를 면앙정, 자를 수초(守初) 또는 성지(誠之)라 했으며 아호를 기촌(企村)으로 삼았는데 시호는 숙정(肅定)이다. 송순은 지지당(知止堂) 송흠(宋欽, 1459~1547), 눌재(訥齋) 박상(朴祥, 1474~1530), 육봉(六峰) 박우(朴祐, 1476~1547), 취은(醉隱) 송세림(宋世琳, 1479~?) 등에게 가르침을 받았다. 그중 지지당은 집안의 당숙벌인데 고조부 노송당 송희경의 둘째 아들 구지의 손자로 송순의 아버지와 동 항렬이다.

송순은 그의 나이 21세 때(1513년), 담양부사로 내려온 박상의 문하에 약 3년간 들었으며, 당시에 눌재의 아우인 박우에게도 사사했다. 박상에게는 「봉화 눌재 선생 운」을, 박우에게는 「경진 중추 등 무등산 구호 록정 석헌 선생」시가 당시를 회고케 한다.

송순은 나이 26세 때, 취은 송세림의 문하에 들었는데, 취은은 문명이 높은 문장가로 국문학사에서 유명한 소화집 『어면순(禦眠楯)』을 지은 작가이다. 전북 태인 출신의 취은이 1518년(중종 13년)에 능성현(지금 화순 능주)의 현감으로 왔을 때, 송순과 만나 사제의 정을 맺었으며 그의 아우 반곡(盤谷) 송세형(?~1553)과는 막역한 친구가 되는 계기가 되었다.

이를 인연으로 태인과 담양은 하나의 문화권이 되었다. 불우헌(不憂軒) 정극인(1401~1481)의 「상춘곡」으로부터, 「면앙정가」가 영향을 받았다는 이유는 나름 다 그런저런 인연을 두고 한 말이다.

사실 송순은 52세 때 정극인이 교수로 근무했던 태인에 찾아가 시를 짓는 등 흠모의 마음을 드러냈으며 송세림이 지은 장춘정에 자주 찾아가 송세림의 생질인 한정 김약회, 성재 김약묵 형제와 시우(詩友)가 되는 행운을 가졌다.

또한 송순은 앞서 말한 대로 족장 지지당 송흠(1549~1547)에게도 수학했는데 어느 때부터 배웠는지는 정확하게 드러나 있지 않다. 송흠의 『지지당유고』에 따르면 호남의 어진 스승으로 추앙받던 송흠에게는 안처함, 송순, 양팽손, 김맹석, 송석현 등 5인의 제자가 있다는 기록으로 보아, 그의 문하에서 수학했음은 분명한 사실이며, 송흠의 「관수정」 시에 차운한 「차 송재 관수정 운」과 「봉별 종장 영공 흠 부 광주」, 송흠이 송순과의 이별을 아쉬워하면서 지은 「차 송장령 순 별장」 등에서 두 사람 사제 간의 정을 살필 수 있다.

송순의 생애와 활동

송순은 27세로 문과에 급제한 후 종 9품인 승문원 부정자를 시작으로 벼슬에 나아가 77세 때 한성부 판윤, 의정부 우참찬, 지춘추관사, 지중추부사 등 정 2품 벼슬에 이르기까지 50여 년간을 큰 탈 없이 관직에 있었다.

하지만, 송순은 41세 때인 1533년 김안로가 국권을 농락하자 의정부 사인 벼슬을 버리고, 고향에 돌아와 면앙정을 지었다. 42세 때인 1534년 김안로가 정승이 되자 벼슬에 뜻을 접고 물러나 고향에 다시 돌아갔다. 약 3년간 고향에 머물다 45세 때 김안로가 사사된 뒤, 5일 만에 홍문관 부응교에 제수되었다. 그전 해인 1536년에 송재 나세찬이 중시(重試)의 답안지에 조정의 불화 등을 신랄하게 밝히자, 김안로 일당인 채무택, 허항 등이 이를 송순과 엮어서 전라도 선비를 일망타진하려고 하였다.

50세 때인 1542년 윤원형, 황헌 등이 날뛰어 내직에서 쫓겨나 전라도관찰사가 되었다. 이때 고종사촌 동생인 양산보의 소쇄원 건축에 도움을 주었다. 56세 때인 1548년 개성부 유수가 되어 임무를 마치고 돌아와 57세 때 담양부 서쪽에 장암정을 세웠다고 하는데, 지금으로서는 고증하기 어렵다.

58세 때인 1550년 대사헌, 이조참판을 하던 중 허자에게 어진 선비를 등용할 것을 권고하다가 미움을 샀고, 친구 구수담이 간신 진복창과 친하게 지낸 것을 만류하다가 진복창, 이기, 이무강 등의 미움을 샀다. 그 사실이 문정왕후에게 알려져 충청도 서천으로 유배를 갔다. 유배 후 2, 3일 뒤 서천이 호남과 가깝다 하여 평안도 순천으로 유배지를 옮겼는데, 이때 두 아들 해관, 해용이 모시고 갔다. 59세 6월에 수원부로 다시 옮기고, 이무강, 이기 등이 파면되고 축출되자 12월에 방면되었다.

윤원형이 정승이 되는 바람에 60세 때인 1552년 다시 외직인 선산도호부사로 나갔다. 61세 때 부인 설씨가 선산관사에서 숨을 거두었고, 송순은 62세 때 임기를 마치고 고향에 돌아와 있었는데, 이때 담양부사 오겸의 도움을 받아 면앙정을 중수하고 약 4년 간 머물렀다. 66세 때인 1558년 전주부윤으로 출사한다. 결국 송순에게 58세부터 66세까지는 시련의 기간이었다 해도 과언이 아닐 것이다.

2년 후 68세 때 신병으로 사직하고, 69세 나주목사가 된 뒤, 70세로 기로소에 들었다. 76세 때는 『명종실록』 편찬에 참여하였고, 77세 때 자현대부 한성부 판윤에 특진되었으며, 같은 해 의정부 우참찬 겸 지춘추관사를 지낸 후, 고향에 돌아와 연속 해직 상소 올렸으나 왕이 허락하지 않았다. 아우 송신에게 진잠(지금의 대전 유성구) 현감, 아들 해관에게 건원능 참봉, 둘째 아들 해용에게는 진원현감을 내려 봉양케 했다.

80세 이후에도 바둑, 활, 책, 산보와 더불어 생활하다가 90세에 작고했다. 정치에서 신고(辛苦)도 있었는데 초반에는 김안로, 채무택, 허항, 중반에는 윤원형, 황헌, 양연 등에게, 후반에는 이기, 진복창, 이무강 등에게 시달렸지만, 꿋꿋하게 버티면서 관용과 대도의 인생철학을 실천하며 전혀 굴하지 않고 당당하고 아름답게 한 생애를 마쳤다.

송순과 면앙집

송순의 문집 『면앙집』은 일곱 권의 원집과 세 권의 속집으로 구성되어 있다. 원집 중의 제4권에는 잡저(雜著)라 하여, 「신번면앙정장가(新翻俛仰亭長歌)」 1편, 「면앙정단가」 7편, 「면앙정잡가」 2편, 「자상특사황국옥당가」 1편, 「몽견 주상가」 1편, 「치사가」 3편, 「오륜가」 5편 등 한역된 국문시편이 있으며, 권오(卷五)의 「가장」에는 위에서 말한 「치사가」 3편 등을 쭉 말한 뒤, 나중에 권 4에 없는 「춘당대 관경(觀耕) 응제(應製) 농가」 1편을 언급하면서 이것들은,

우리말과 옛말이 섞여 있어
억양이 적절하고
풍류가 넘치며
격에 맞는 멋이 좔좔 흐르고
자세하고 소상하여
충분하게 풍교를 도탑게 하고
나약하고 완악함을 바로 세워 주니
다만 한때의 관현악기에 올릴 뿐이 아니라
지금도 그 가사와 곡조가 여전히 전해져 없어지지 않는데
송강 정철이 훈민가 제1, 2를 지으면서

역시 (그것을) 인용하고 채택하였다
(송순의) 농가는 음절이 더욱 듣기가 좋아서
순박한 마을의 농부들이 입과 귀로 전하기를
송 어른께서 남겨주신 소리라 하였다

- 『면앙집』 5권

이외에도 『면앙집』에는 묘갈명, 행장 및 부록으로 유사가 있다. 권 5, 6, 7 등에는 부록이 붙어 있는데 권 7에는 「면앙정」과 관련한 다른 사람의 글과 차운 시편이 실려 있다. 속집에는 찬(贊), 명(銘), 기(記), 설(說), 논(論), 책(策), 표(表), 차(箚), 록(錄), 서(書), 제문(祭文), 만사(輓詞), 행장(行狀), 갈(碣) 등이 실려 있다. 이와 같이 구성된 『면앙집』에는 각 문체별로 다양한 글이 있는 바, 그 가운데 오언(五言)과 칠언(七言)의 절구 및 율시로 된 한시 560여 수가 있다.

또한 면앙정의 사상에 대하여 알 수 있는 글로는 「상눌재박선생상(上訥齋朴先生祥)」, 「치사시면성학차주(致仕時勉聖學箚奏)」, 「여이경호퇴(與李景浩滉)」, 「수월론(水月論)」, 「경차주자존덕성재명(敬次朱子尊德性齋銘)」, 「우차주자구방심재명(又次朱子求放心齋銘)」, 「차주자경재잠(次朱子敬齋箴)」 등이 있는데 면앙정의 사상은 한마디로 경(敬)과 직(直)의 조화로운 효용에 있다고 할 수 있다.

한편, 560여 편의 한시는 서정적 지향세계를 보인 것과 서사적 지향세계를 보인 것으로 대별할 수 있다. 우선 서정적 지향적 세계를 보인 시편들은 누정에서의 감흥과 흥취를 읊거나, 기행을 통

숙이면 땅이요

우러르면 하늘이라

그 가운데 정자를 앉혔으니

호연지기 흥취가 이는 구나

한 승경의 감탄과 객려에서 느끼는 회포, 그리고 교유 인물들과의 교유 속에서 자연스럽게 노출되는 그의 인간애 등이 주된 내용을 이루고 있다. 이들 시편 중에는 승려와의 교유를 보여주는 20여 편의 시가 있으며, 도연명, 이백, 두보 등 중국의 시인과 관련 지을 수 있는 시편도 눈에 띈다.

또한, 면앙정의 서사적 지향세계를 보인 일련의 작품은 다음과 같은 이유에서 그 시사적 위치가 다대하다.

조선시대 전기와 중기의 문학관은 도(道) 위주의 통념적 문학관이 우세한 가운데서 도(道)의 속박에 구애받지 않으려는 관료적 문학은 사장(詞章) 중심으로 흘렀고, 반면에 도(道)가 문(文)의 본(本)이요, 문(文)은 도(道)의 말(末)이라 한 이도위문(以道爲文)의 도학적 문학관은 지나칠 정도로 성정지정(性情之正)의 복무 수단으로 문학을 기울게 했다. 전자는 문예적인 재능을 발휘하여 이름을 얻고 출세하기 위한 수단으로 문장수업에만 몰두하였고, 후자는 시를 지나치게 인격도야를 위한 수단으로 끌고가 문학이 아닌 도학의 카테고리 안에 시를 가두고 말았다.

이러한 두 입장은 모두 현실사회에 대한 진지한 관찰과 객관적인 반영을 통한 현실의 비판이나 문제점 지적에는 분명한 한계를 지니고 있었다. 바로 이 점에서 면앙정의 서사적 지향세계를 보인 한시가 차지하는 위상이 나온다. 그의 일련의 서사한시가 담고 있는 내용은 애민정신에 입각하여 백성의 고통과 아픔을 직시한 유학자 본연의 자세에서 나온 것이기도 하려니와, 당대 사회적 변화에 미리 내다보는 선구자적 혜안과 소박하나마 현실주의적 문예관의 일단에서 비롯된 것이라는 점에서 크게 주목된다.

면앙정의 이러한 현실주의적 사고와 문학적 실천은 다음 세대인 허균과 이수광에게 이어진다. 허균의 반주자학적 이데올로기에 따른 현실비판의 낭랑한 톤과 이수광의 사실주의 문학관 등은 결코 하루아침에 나온 것이 아니었다.

시심의 고향 면앙정

면앙정은 창건된 지 20년 후인 명종 7년(1553년), 송순의 나이 62세에서 65세 사이에 중수되었는데, 66세 전주부윤으로 나가기 전이었고, 당시 담양부사였던 국재(菊齋) 오겸(吳謙)의 도움으로 이루어졌다. 면앙정은 여러 문사들의 다양하고 탁월한 시문의 소재나 제재가 되었는다. 기대승(奇大升)의 「면앙정기(俛仰亭記)」, 임제(林悌)의 「면앙정부(俛仰亭賦)」, 「퇴계차운」, 임억령(林億齡)의 「면앙정 30영」, 김인후(金麟厚)의 「면앙정 30영」, 박순(朴淳)의 「면앙정 30영」, 고경명(高敬命)의 「면앙정 30영」, 양대박의 「면앙정 30영」, 이홍남의 「면앙정 30영」, 윤행임의 「면앙정 30영」, 면앙정 송순 자신의 「면앙정가(俛仰亭歌)」 등이 그것이다.

면앙정은 정유재란(1597년) 때 병화를 입어 완전히 소실되고 빈 터만 남게 되었다. 송순이 세상을 떠난 지 16년 만의 일이었다. 현재의 면앙정은 효종 5년(1654년)에 후손들이 중건한 것을 바탕으로 수차례 중수를 거듭한, 350여 년이 넘은 건물이다.

　전라남도 기념물 제6호인 면앙정은 시가문학의 산실인 바,「면앙정단가」7수와「면앙정가」를 비롯한 국문시가는 물론「면앙정 30영」등 한시 및 다양한 형식의 시문이 대량으로 제작되어 호남 시단은 물론 조선의 시단을 살찌웠던 문학의 산실이다.

　주목되는 것은 기대승이「면앙정기」를 두 번 지은 사실과 송순 자신은「면앙정 30영」을 짓지 아니한 점이다. 기대승은 무슨 연유로 면앙정 기문을 두 번이나 제작했는지 알 길이 없다. 처음에 창건되었을 때 한 번, 뒤에 중창되었을 때 한 번 등 도합 두 번 지은 것이, 나중 문집에 함께 등재되어 마치 한꺼번에 두 번을 지은 것처럼 여겨진 것이라 추정된다. 이와는 달리 35세나 연상인 스승의 정자에 대한 기문을 부탁받은 고봉이 조심스럽고 부담이 간 나머지 두 개를 제작한 것이라 생각해 볼 수도 있겠다.

그런데 면앙정 주인인 송순의「면앙정 30영」제영이 없는 까닭은 무엇일까? 우선 임·병 양란 등 병화로 인하여 송순의 시문이 다량 소실된 데에 그 원인을 둘 수 있겠다.

『면앙집』의 송순 연보에는 정유재란으로 송순과 제현들의 시문이 다량 소실되었다고 기록되어 있다. 송순이 먼저「면앙정 30영」을 짓고 이어 임억령 등이 그에 화답했을 것으로되, 그것이 불에 타 없어져 버렸다는 추론을 해볼 수 있다. 사실 지금으로서는 여러 사람의「면앙정 30영」중에서 누구의 것이 가장 먼저 지어졌으며, 그것은 어떤 원운에 의한 것이었는지 궁금한 사항이 한둘 아니다.

또한『면앙집』에는 심중량(沈仲良)의「면앙정기」도 보인다. 이 또한 언제 어떤 연유로 제작된 것인지 분명치 않다. 면앙정을 제재로 해서 창작한 시가에는 앞서 소개한 것들 외에도 면앙정 잡가 두 수 및 여러 편의 한시가 있는데『면앙집』에 따르면, 41명의 시인이 51편 210수 이상을 제작한 것으로 되어 있다.

이렇듯 면앙정은 시조, 가사, 한시문 등 다양한 시가문학의 산실로서 특히 가사「면앙정가」는 정철의「성산별곡」에 많은 영향을 주는 등 강호전원 가사의 전통을 잇는 주옥같은 작품의 자력이 된 것으로 평가된다.

지금 면앙정 앞뜰 오른편에는 면앙정가비가 서 있으며 정자 안에는 퇴계 이황, 하서 김인후의 시와 고봉 기대승의「면앙정기」, 백호 임제의「면앙정부」및 석천 임억령과 제봉 고경명 등의「면앙정 30영」 및 송순의 「면앙정가삼언」 등이 판각되어 걸려 있다.

다른 한편, 우리가 주목해야 할 사실은 「면앙정 30영」과 「식영정 20영」 등의 시편들은 모두가 그 정자의 내포적 의미망에 맞게 세밀한 구도 속에 제작되었다는 점이다. 다시 말해서 「면앙정 30영」은 면앙(俛仰)이란 의미에 충실하게 제작되었다는 사실이다.

'면앙' 곧 '굽어보고 우러러볼' 수 있는 경지, 이는 송순이 지향했던 대도(大道)의 경지에 다름 아니다.

송순은 평생 '대도(大道)'의 실현을 최고의 목표로 삼았던 인물로서 그의 '면앙'은 '대도'의 다른 표현에 지나지 않는다. 그러므로 대도의 경지 곧 면앙의 자세로 사물을 대하면 우주 사이의 삼라만상이 죄다 뵈지 않을 수 없는 것 아니겠는가!

그렇다. 대도를 깨달은 사람은 자유자재로 시공을 넘나들 수 있는, 석천 임억령식으로 말하면, 조화옹의 능력을 갖고 있다. 그러므로 그가 하늘에서 굽어보면 곧 면(俛)하면 보이지 않는 것이 없게 되므로, 광주의 어등산, 나주의 금성산, 화순의 옹암산 등 면앙정 원경을 조망할 수 있게 되는 것이다.

반대로 면앙정에서 바라보면 곧 앙(仰)하면 그 아래를 흐르는 물이며, 가까이의 여뀌꽃 등이 눈앞에 들어오게 되어 근경을 담아낼 수 있는 것이다.

이러한 작시태도는 「식영정 20영」의 시편이 각기 식영 정신의 실천적 공간에 들어가기 위한 구도적 과정의 절차를 노래한 경우와 같은 것으로 이해된다.

4
면앙정 문학의 향연

한국가사의 백미「면앙정가」

　강호전원가사의 으뜸이요 한국가사시의 백미로 손꼽히는「면앙정가」는 송순이 지은 것이다.「면앙정가」는 전체 145구의 비교적 긴 장편가사로 서사-본사-결사의 서사적 구조를 가졌다. 이 가사는 훗날 송강 정철의「성산별곡」등 강호전원가사 창작의 모델이 되었을 뿐만 아니라 우리말의 자유자재한 구사와 시상의 참신성 등에서 높이 평가되는 명품이다.

　이러한「면앙정가」에 대해서는 창작시기와 한역본과 국문본의 선후 문제 등에서 논란이 되어왔다. 창작 시기에 대해서는 송순의 나이 62세에서 65세 사이 곧 면앙정이 중수된 후, 66세 때 전주부윤으로 나가기 전에 지은 것으로 생각된다. 또한 한문본과 국문본의 선후 제작설에 대해서는 아직 분명한 답을 내리지 못하고 있다. 왜냐하면 송순의 문집『면앙집』에는 한문본만 실려 있기 때문이다. 국문본 「면앙정가」가 실려 전해오고 있는 「잡가」라는 문헌은 1934년에 필사된 것이어서 당시의 상황과 너무나 거리가 멀다.

「면앙정가」를 감상해 보자.

무등산 한 줄기 산이 동쪽으로 뻗어 있어
멀리 떨쳐와 제월봉이 되었거늘
무변대야에 무슨 생각 하느라
일곱 굽이 한데 뭉쳐 우뚝우뚝 벌여 놓은 듯
가운데 굽이는 구멍에 든 늙은 용이
선잠을 막 깨어 머리를 앉혔으니
넓은 바위 위에 송죽(松竹)을 헤치고
정자를 세웠으니 구름 탄 청학이
천리를 가려고 두 날개 벌렸는 듯

옥천산 용천산 내린 물이
정자 앞 넓은 들에 올올히 펼친 듯이
넓고도 길구나. 푸르거든 희지 말고
쌍룡이 뒤트는 듯 긴 깁을 펼쳤는 듯
어디로 가느라 무슨 일 바빠서
닫는 듯 따르는 듯 밤낮으로 흐르는 듯

물 따른 사정(沙汀)은 눈같이 펼쳐졌고

어지러운 기러기는 무엇을 어르느라
앉으락 내리락 모일락 흩어질락
갈대꽃을 사이하고 울면서 따르는가?

넓은 길 밖이요, 긴 하늘 아래
두르고 꽂은 것은 산인가? 병풍인가?
그림인가? 아닌가? 높은 듯 낮은 듯
끊어진 듯 이어진 듯 숨거니 보이거니
가거니 머물거니 어지러운 가운데
이름난 듯 뽐내며 하늘도 두려워 않고
우뚝이 섰는 것이 추월산 머리 삼고
용귀산 몽선산 불대산 어등산
용진산 금성산이 허공에 벌렸는데
원근 창애에 뭉친 것도 매우 많다.

흰 구름 뿌연 연하 푸른 것은 산람(山嵐)이라.
천암만학(千巖萬壑)을 제집을 삼아두고
나면서 들면서 이리도 구는 건가?
오르거니 내리거니 장공에 떠나거니
광야로 건너거니 푸르락 붉으락
옅으락 짙으락 사양(斜陽)과 섞어져서
세우(細雨)조차 흩뿌린다.

가마를 급히 타고
솔 아래 굽은 길로 오며 가며 하는 때에
녹양에 우는 황앵(黃鶯) 교태 겨워하는구나.

나뭇가지 우거져서 수음(樹陰)이 엉긴 때에
백 척 난간에 긴 졸음 내어펴니
수면 양풍(凉風)이야 그칠 줄 모르는가?

된서리 내린 후에 산빛이 금수(錦繡)로다.
황운(黃雲)은 또 어찌 만경(萬頃)에 퍼졌는가?
어적(漁笛)도 흥겨워서 달을 따라 부는구나.

초목 다 진 후에 강산이 묻히거늘
조물(造物)이 야단스레 빙설(氷雪)로 꾸며 내니
경궁요대(瓊宮瑤臺)와 옥해은산(玉海銀山)이 눈 밑에 펼쳐졌네
건곤(乾坤)도 풍요로워 간 곳마다 경치로다.

인간을 떠나와도 내 몸이 틈이 없다.
이곳도 보려 하고 저것도 들으려고,
바람도 쐬려 하고 달맞이도 하려 하고,
밤은 언제 줍고 고기는 언제 낚고,
사립문은 뉘 닫으며 진 꽃은 뉘 쓸 건가?

아침이 모자라니 저녁이라 싫을쏘냐?
오늘이 부족한 데 내일이라 유여할까?
이 산에 앉아보고 저 산도 걸어보니,
번로한 마음에 버릴 일이 아주 없다.
쉴 사이 없는데 길이나 전하겠나?
다만 한 청려장(靑藜杖)이 다 닳아져 가는구나.
술이 익어가니 벗이라 없을소냐?
불게 하고 타게 하며 켜면서 이으며,
온갖 소리로 취흥을 재촉하니,
근심이라 있으며 시름이라 붙었으랴?
누으락 앉으락 굽으락 젖히락
읊으락 휘파람 불락 마음대로 놀거니,
천지도 넓고 넓고 일월도 한가하다.
희황(羲皇)을 모르거니 이때야말로 그때로다.
신선이 어떻던고? 이 몸이 그로구나.
강산풍월 거느리고 내 백년을 다 누리면,
악양루 위의 이태백이 살아온들
호탕한 정회(情懷)야 이보다 더 할쏘냐?

이 몸이 이리 삶도 역군은(亦君恩)이렸다.

- 「필사본」에서

「면앙정가」는 이성-감성-이성의 3단 구조를 이룬 시이다. 먼저 누정이 위치한 형세를 말했는데 이 부분은 이성에 의한 진술이 주를 이룬다.

위에서 보듯 「면앙정가」는 우리말 언어 예술이 거둔 빛나는 표현의 경계이다. 한문 문화의 인습과 관습에 젖은 당대에 우리말의 자연스러움과 구법(句法)의 섬세함이 가슴을 뛰게 한다. 어쩌면 이렇게도 우리 말결을 자연스럽게 활용할 수 있을까? 이야말로 우리말에 대한 깊은 이해와 언어 운용의 뛰어난 능력의 발현이라 하겠다.

송순은 자신이 직접 자연을 목도(目睹)하고 자기만의 감성으로 새로운 모습을 발견했다. 송순은 면앙정 주변의 모습을 오관(五官)으로 보고 느낀 나머지, 그만의 상상력을 발동하여 새로운 이미지로 형상화하여, 면앙정 주변을 새롭게 창조한 것이다. 이른바 물아일체, 물아무간(物我一體, 物我無間)에 따른 감흥의 자연스러운 유로이다.

개개 사물에 대한 자존(自存)의 인정, 이야말로 객체를 객관적 그 실체로 인정해 주고 존중해 주는 시인의 인품, 이는 달관과 대도의 인생철학에서 우러나오는 시적 표현에 다름 아니다. 산, 물, 나무, 꽃, 구름, 밤 등의 자연물은 물론 백성의 실체와 존재를 있는 그대로 존중하고 인정해주는 자세, 이른바 애민정신의 발현에 따른 흥상(興象)과 의상(意象)을 통하여 독자는 작가, 자연과 합일된다. 바로 이때 자연스럽게 유로되는 미학이 이른바 송순만의 역군은(亦君恩) 미학이다. 자연과의 합일, 객체와 주체의 무간, 여기에 어디 임금의 은혜를 개입시킬, 그에 따른 송축(頌祝)의 간극이 끼어들 여지가 있겠는가? 여기에 실현된 면앙정은 송순이 그려낸 그만의 그림이요 형상이다.

만일 다른 사람이 다시 「면앙정가」를 쓴다면 이와는 또 다른 모습의 면앙정 주변이 탄생할 것 아닌가? 「면앙정가」에 나타난 면앙정 주변의 산수는 물아일체적 시학을 가진 순전히 면앙정 송순만의 감성으로 그려진 독특한 창조의 세계가 된 것이다.

그는 면앙정 주변의 세계를 그림에 있어 세목(글쓰기 개요나 마인드 맵)을 나누어 두루 일치시키려 했는데, 여기서 생활인으로서의 모습과 즐거움도 놓치지 않았으며, 흥취의 고조 다음에 임금의 은혜를 떠올림으로써 절제할 줄 아는 선비적 자세도 잊지 않았다. 흥의 고조는 적절한 절제에 의하여 낙이불음(樂而不淫)되었다. 이런 이성-감성-이성의 시적 구성은 송순 당대 물아일체 시학의 실천이자 성과였고, 또한 한계였다.

「면앙정가」, '이성-감성-이성'의 구성

보는 바와 같이 이 작품의 앞부분, 이성에 입각한 곳은 진술이 주를 이룬다. 반면에 감성에 입각한 곳은 송순만의 독특한 감성에 의해 새롭게 형상화된 부분으로 서술과 묘사가 주를 이룬다. 요컨대 송순의 「면앙정가」는 이성-감성-이성의 구성을 통하여 면앙정 주변 원근의 모습을 보고 느낀 감성대로 객관과 주관이 일체화하여 가사시라는 도구에 담아낸 것이다. 따라서 「면앙정가」의 시안

(詩眼)은 감성에 입각한 곳이라 할 것이다.

"인간을 떠나와도 내 몸이 틈이 없다"를 보자. 여기서 '인간' 이란 어디를 말하는 것일까? 우선 정치 현실을 두고 한 말로 볼 수 있다. 오직 경세제민(經世濟民)만이 자신이 할 일이라 여겨 정신 없이 살아왔던 과거, 그 과거와의 단절을 그렇게 말했을 수 있다. 달리 '인간' 이 일반 사람들이 사는 세상을 지칭한다고 볼 수 있다. 모든 객체가 자존 자재한 세상, 벼슬을 떠난 곳, 백성이 사는 곳이면서, 신선이 사는 곳, 임금도 사는 곳, 이른바 객체와 주체가 합일되는 공간이다.

송순은 고향의 자연에 들어 바쁜 몸이다. 왜냐하면 볼 것, 들을 것, 주울 것, 낚을 것, 닫을 일, 쓸 일, 산에 앉을 일, 산을 걸을 일 등으로 지팡이가 다 닳을 정도이기 때문이다. 어디 그뿐인가? 술 마시고, 악기를 불게 하고 켜게 하며, 여기에 앉았다, 저기에 누웠다, 노래를 읊조리고, 휘파람 불다가를 반복하다 보니, 마음도 몸도 태평하기 한량없다. 저 복희씨나 신농씨 시절이 그랬을까, 아니면 신선의 삶이 이러할까? 강산과 풍월을 거느리고 물아일체가 되어 한 생명 살아간다.

이 시의 주제는 감성 부분에 있다. 그러므로 감성 부분은 비중이 크다. 감성의 절정인 "호탕한 정회"란 말을 토함으로써 시상을 정리했다. 호탕한 정회, 이는 이성이 아니라 감성의 절정에서 쏟아낸, 물아일체의 실현에서 나오는 자연스러운 정감의 유로(流露)이다. 그런데 송순은 여기에서 이성적으로 집약하여 자신의 물아일체적 조화를 '역군은'이란 말로 요약, 제시했다. 바로 마무리 부분이 그것이다. 이는 원숙한 조선 선비의 자연 미학이요, 다른 시인과는 변별되는 송순만의 미학적 표명이다.

여기에 등장하는 자연은 자존(自存) 자재(自在)한 객체(客體)이다. 이른바 일월성신, 산천초목, 사회 구성원의 갖가지 모습 등과 같은 것들의 자존 자재한 모습이다. 다만 이때의 자연이란 객체는 시인의 심미 가치에 의한 자각의 가치를 거쳐 변화된, 실현된 대상이다. 곧 외사조화(外師造化), 중득심원[中得心源(張璪, 彦遠, 歷代名畵記)]과 같은 것으로 주체적 서정과 표현을 중시한, 대자연을 스승 삼은 것이다. 요컨대 주체(主體)와 객체(客體), 재현(再現)과 표현(表現)의 고도한 통일을 의미하는 미학이 바로 이것이다.

「면앙정가」를 이렇게 읽으면서 현대 가사시의 가능성에 대한 어떤 서광을 보았다. 하고픈 말, 느낀 감정을 조목조목 들어서 자신의 감성대로 거침없이 활달하게 드러낸 「면앙정가」, 감성시가 요구되는 오늘날의 시대적 요구와 딱 부합되지 않은가? 이를 통해 가사시가 오늘날 현대인에게 매우 적합한 갈래임을 새삼 느낄 수 있었으며, 아울러 무럭무럭 자라나는 가사시의 파란 싹을 보는 듯 매우 기뻤다.

선비의 우리말 정신과 가사

광주, 나주, 장성, 창평(담양) 이른바 '광라장창'은 호남사림의 중심지로서, 사림의 대부분은 무등산 원효사 계곡을 중심으로 활동하였다. 처음 호남 지역에 들어온 선비들은 호남에서 오랜 동안 살아온 토착 향반가(鄕班家)의 도움을 받았으며, 그 도움의 대가로 자제들의 교육을 담당했다. 국가에서 책임져야 할 백년대계의 일익을 담당, 호남의 선비가 융성할 수 있는 토양을 구축하였는데, 학문의 전수 및 강학 활동은 주로 누정에서 이루어졌다.

다시 말해서 영남의 선비가 경제적 기반을 바탕으로 오늘날의 사립종합대학교 격인 서원을 중심하여 학문연구와 후진 양성을 한 것과는 달리, 호남으로 내려간 선비들은 연고가 거의 없는 지역에 낙남했던 탓으로 경제적 여유 등이 없었다. 그렇기에 그들은 주로 그 지역 향반가의 도움으로 누정을 건립, 그곳에서 주로 활동하였다. 그 결과 호남지역 특히 호남사림의 중심 활동지였던 광주, 나주, 장성, 담양 등지에는 많은 누정이 건립되었거니와 그러한 누정에서 지어진 누정 한시는 국문학사의 한 획을 지을 만큼 그 질과 양에서 뛰어나다는 평을 받고 있다.

여기서 주목할 것이 있다. 누정에서 제자를 가르치고 시를 지으며 나라를 걱정했던 사림들의 활동이 단순한 현실도피에서 나온 패배자의 아우성이 아니라 명분과 의리의 정치가 실천되지 못한 현실적 불합리한 여건에서 나온 우국충정의 것이었고, 그것을 창조해 내었던 원천과 뿌리가 다름 아닌 도학의 정신과 의리의 자세에 있었다는 점이다. 사림문화의 원천인 도학의 정신과 의리의 자세는 국가의 운명이 위기에 처했을 때는 의병활동이라는 실천행동으로 나타났으니 이는 이순신 장군의 피맺힌 절규 곧 "호남이

호남사림의 중심 활동지였던

광주, 나주, 장성, 담양 등지에는

많은 누정이 건립되었거니와

그러한 누정에서 지어진 누정 한시는

국문학사의 한 획을 지을 만큼

그 질과 양에서 뛰어나다는 평을 받고 있다.

없었다면 나라가 없었을 것이다"란 말로써 대변될 수 있다. 또한 사림들은 평상시에는 모순된 정치 현실을 개탄하고 개혁의 목소리를 높이는 현실참여의 문학창작과 자연적 질서와 그에 동화를 갈망하는 물아일체적 서정시를 창작하기도 했다. 이에 대해 교산 허균은 "목릉조에 조선을 대표하는 시인들이 호남에서 많이 나왔으니 눌재 박상·박우 형제, 면앙정 송순, 석천 임억령, 송재 나세찬, 제봉 고경명, 학포 양팽손, 송천 양응정, 국재 오겸, 금호 임형수 등이 그들이다."고 했다.

그에 대한 또 다른 단적인 예가 곧 김덕령 등 호남의 의병활동과 「식영정 20영」 등의 한시, 그리고 「면앙정가」 등의 가사문학이다. 시간이 흐르면서 축적된 역량과 사림의 정신 무장은 정치에 참여해서는 애국과 애민의 실천으로써 그 어느 지역보다 구국의 활동이 왕성하였거니와, 물러나 산림에 묻혀 있을 때는 시문(詩文)의 제작과 제자의 양성으로 실천되었다. 특히 광주와 담양이 인접한 무등산 자락은 호남의 사림문화가 집결, 개화된 공간이었다.

이곳은 호남 사림의 중심지로서 그동안 누정에서 갈고 닦은 도학철학의 세계관과 시문의 제작 능력을 자력(資力)으로 삼아 국난에서의 구국의병활동과 문학에서의 국문가사문학 창출이라는 독특한 사림문화를 탄생시켰는데, 사림활동의 산실인 식영정·풍암정 등의 누정은 옛 사실을 반증이라도 하는 듯 꼿꼿한 선비처럼 정정하고 생생하게 그 자태를 지키고 있다.

그 결과 이 지역은 우리나라 가사문학을 대표하는, 다시 말하여 좌해진문장(左海眞文章)의 고장, 동방(東方)의 「이소(離騷)」 탄생지인 가사문학의 메카로서, 전원가사의 백미로 꼽히는 「면앙정가」 「성산별곡」과, 충신연주가사의 절창인 「사미인곡」, 「속미인곡」, 기행문학의 압권 「관동별곡」의 탄생지답게 국내 유일의 한국가사문학관을 건립, 개관하여 활발하게 운영하고 있다.

다른 한편, 호남사림의 중심지였던 이 지역은 조선시대, 조선을 가장 조선답게 긍지 삼을 수 있었던 사림정신과 사림문화의 메카로서 수많은 누정의 시문과 국문시가의 백미인 가사문학의 산실(송순의 「면앙정가」, 정철의 「관동별곡」, 「사미인곡」, 「속미인곡」 「성산별곡」, 이서의 「낙지가」, 남극엽의 「향음주례가」 등 18편)이며, 김덕령 장군을 위시한 구국 의병활동의 중심지로서 전국 어느 곳과도 비견될 수 없는 유교문화의 고유 향기를 지닌 사림문화의 보고이다.

한국문학사에서 문학권(文學圈)을 말할 때 가장 중요시되는 것은 조선시대 호남 인물들의 시문학 활동 중심지였던 광·라·장·창(광주, 나주, 장성, 창평)을 손꼽을 수 있겠다. 이수광, 정두경, 허균 등 조선시대의 유명한 평론객들에 의하여 높이 칭송된 많은 인물들이 호남에서 태어났는데 그들은 모두 당대의 걸출한 시인이었다고 한다.

> 뛰어난 시인과 문장가로 숭앙된 인물들이 호남에서 많이 배출되었다.
> — 이수광의 「지봉유설(芝峯類說)」

> 호남에는 높고 깨끗한 산수(山水)의 정기가 사람에게 모여 문장(文章)과 기걸(奇傑)한 선비가 많았다.
>
> — 정두경의 「송천집서(松川集序)」

> 숙종 조 호남에는 당세의 저명한 인재가 많았는데 그들은 학문과 문장으로 널리 알려진 인물이다.
>
> — 허균의 「성소부부고(惺所覆瓿藁)」

이들이 한결같이 입을 모아 칭송하였던 인물 중에는 박상(朴祥)·박우(朴祐) 형제를 필두로 양팽손, 송순, 윤구, 임억령, 오겸, 나세찬, 이항, 김인후, 유희춘, 유성춘, 임형수, 양응정, 박순, 기대승, 고경명, 백광훈, 최경창, 임제 등 헤아릴 수 없이 많다.

위에서 말한 인물들은 각기 명사로 칭송된 인물로서 당대의 학문과 시문에서 독창적인 시학과 학문세계로 호남지역뿐만 아니라, 전국적으로도 그 명성이 자자했음은 주지하는 바이다. 이들 시학사의 전통은 면면이 이어졌는데 근·현대문학기의 황현, 김영근, 김영랑, 박용철, 김현구, 이동주, 서정주, 이병기 등이 그들이다.

면앙정 단가의 아름다움

송순이 지은 시조는 모두 22수다. 「치사가」 3수, 「오륜가」 5수, 그리고 너무나 잘 알려진 「자상특사황국옥당가」 등과 「면앙정 단가 7수」 「면앙정잡가 2수」 등이 그것이다. 이로 볼 때 면앙정에서는 한시의 향연만이 아니라 국문시가 곧 시조라고 불리는 단가도 여러 편 제작되었음을 알 수 있다. 면앙정은 소쇄원 시단, 식영정 시단과 더불어 담양 3대 시단의 하나로서 주옥같은 시문학 제작의 메카였다. 이 자리에서는 면앙정과 관련한 9수를 보인다.

추월산 가는 바람 금성산 넘어갈제
들 넘어 정자 위에 잠 못 이뤄 깨 앉으니
어즈버 즐거운 정이야 벗님 본 듯하여라

십년을 경영하여 초려 삼 칸 지어내어
나 한 칸 달 한 칸에 청풍 한 칸 맡겨두고
강산은 들일 데 없으니 둘러두고 보리라

－「면앙정 잡가」 2수, 진본 『청구영언』

굽으니 땅이요 우러르니 하늘이라
두 분의 끝을 좇아 내 생겨 살았으니
계산(溪山)에 풍월(風月) 거느려 늙은 뒤를 몰라라

넓거나 넓은 들에 시내도 길고 긴데
눈 같은 흰 모래 구름 같이 펼쳤으니
일 없이 낚싯대 멘 사람은 해진 줄을 몰라라

면앙정이라는 공간, 한 정자를 두고 정자 안 가까이서, 혹은 정자 밖 멀리서 원근의 경치를 서른 가지로 읊은 시편이 「면앙정 30영」이다.

솔 울타리에 달이 올라 대 끝에 잠깐 뜨니
거문고 빗겨 안고 바위 가에 앉았을 때
어디서 외기러기는 홀로 울며 가는고

산으로 병풍 삼아 들 밖에 둘러두니
지나는 구름까지 자려고 들어오는데
어쩌다 무심한 낙일은 홀로 넘어 가는가

잘 새는 다 날아들고 새 달은 돌아온다
외나무다리 데리고 홀로 가는 저 선사(禪師)야
네 절이 얼마나 멀기에 원종성(遠鍾聲)이 들리나니

산정에 노을 지고 물고기 뛰노는데
무심한 이 낚시야 고기야 있건 없건
청강(淸江)에 달 돋아오니 이 사이 흥이야 일러 무삼

천지로 장막 삼고 일월로 등촉 삼아
북해를 기울이다가 주준에 담아두고
남극의 노인성 대하여 늙은 뉘를 모리라

— 「면앙정 단가」 7수, 주씨본 『해동가요』

「면앙정 30영」의 미학

　면앙정에 올라보면 면앙정 원근의 승경을 30가지로 노래한 「면앙정 30영」이 네 개나 걸려 있다. 전체 일곱 개 중에 네 개는 이른 시기에 알려진 작품들이다. 곧 석천 임억령, 사암 박순, 하서 김인후, 제봉 고경명의 「면앙정 30영」이 그것들이다. 아직 걸리지 아니한 세 개는 청계 양대박, 급고 이홍남, 석재 윤행임의 작품이다. 이것들은 필자가 나중에 찾아서 학계에 소개한 것이다.

　앞서 말한 바와 같이 송순은 「면앙정가」에서 어떤 목적이나 수단이 아닌 우주와 생의 주체로서 자연의 질서와 조화적 전개를 하나라도 놓칠세라, 자세하고 친절하게 조곤조곤 설명했다. 「면앙정 30영」은 애정과 호기심으로 대상을 바라보는 천진한 시인들, 자연과 조화된 자신의 발견에 대한 벅찬 기쁨의 탄성을 지른 송순의 동류자들에 의하여 탄생한 노래요, 감성이며 시다.

　그래서 「면앙정 30영」의 시편이 현대인의 감성과 상상력을 풍요롭게 하고, 감성을 흥건하게 촉발하며, 인문 정신의 발양에 다소나마 기여하기를 바라는 마음이 간절하다.

　진정한 지방시대의 꽃을 피우기 위해서는 경제적 자립을 이루어야 하는 바 굴뚝산업이 열악하고 고령 인구의 급증에 따른 생산인구의 급감 등은 남도의 미래를 어둡게 하고 있다. 이러한 위기 상황을 극복하고 지역 경제의 활성화를 위해서는 이미 확보된 문학적 인프라를 십분 활용해야 함은 다시 말할 필요가 없을 것이다.

　이른바 지역의 정체성이 반영된 고유 브랜드 개발에 송순의 인품과 명성을 선용할 필요가 있다. 그것은 그의 문학 작품을 활용한 다양한 문화 콘텐츠 개발, 생가 복원과 활용 및 그를 배향했던 사우의 복원 등이 하나의 방안이 될 것이다. 중요한 것은 옛것의 복원도 좋지만 기존에 있는 문화유산의 활용도를 높이고 공감대를 확보하는 것이다. 이 또한 문학에서 거둔 성과와 인프라를 최대한으로 살려내는 방향이어야 하겠다.

「면앙정 30영」 제목

1. 추월취벽	秋月翠壁	추월산의 푸른 절벽
2. 용구만운	龍龜晚雲	용구산의 저녁 구름
3. 몽선창송	夢仙蒼松	몽선산의 푸른 소나무
4. 불대낙조	佛臺落照	불대산의 낙조
5. 어등모우	魚登暮雨	어등산의 저녁비
6. 용진기봉	湧珍奇峯	용진산의 기이한 봉우리
7. 금성묘애	錦城杳靄	금성산의 저녁놀
8. 서석청람	瑞石晴嵐	서석산의 아지랑이
9. 금성고적	金城古迹	금성산성의 옛 자취
10. 옹암고표	甕巖孤標	항아리바위의 우뚝한 모습
11. 죽곡청풍	竹谷淸風	죽곡의 맑은 바람
12. 평교제설	平郊霽雪	넓은 들판에 개인 눈
13. 원수취연	遠樹炊烟	멀리 나무에 어리는 밥 짓는 연기

14. 광야황도	曠野黃稻	넓은 들판의 황금물결
15. 극포평사	極浦平沙	먼 포구의 모래사장
16. 대추초가	大秋樵歌	대추리 나무꾼의 노랫소리
17. 목산어적	木山漁笛	목산 어부의 피리 소리
18. 석불소종	石佛踈鍾	석불사의 드문 종소리
19. 칠천귀안	漆川歸鴈	칠천에 돌아온 기러기
20. 혈포효무	穴浦曉霧	혈포의 새벽안개
21. 심통수죽	心通脩竹	심통사의 긴 대나무
22. 산성조각	山城早角	산성마을의 이른 호각 소리
23. 이천추월	二川秋月	두 개울에 비친 가을 달
24. 칠만춘화	七巒春花(色)	칠만의 봄꽃(빛)
25. 휴림유조	後林幽鳥	뒤 숲에 사는 새
26. 청파도어	晴波跳魚	맑은 물결에 뛰노는 물고기
27. 사두면로	沙頭眠鷺	모래톱에서 조는 해오라기
28. 간곡홍료	澗曲紅蓼	골짜기의 붉은 여뀌
29. 송림세경	松林細逕	송림의 오솔길
30. 전계소교	前溪小橋	앞 시내의 작은 다리

면앙정이라는 공간, 한 정자를 두고 정자 안 가까이서, 혹은 정자 밖 멀리서 원근의 경치를 서른 가지로 읊은 시편이 「면앙정 30영」이다. 같은 제목이지만 각기 다른 소재와 제재로 각기 내용을 달리한 시편들이 모두 210편이다.

앞으로 이 제목의 시편들이 얼마나 더 찾아질지는 모르지만, 분명 더 찾아질 것이라 기대하면서, 벅찬 가슴으로 필자는 「면앙정 30영」 일곱 사람 것 모두를 번역을 하고, 윤문하며 해설을 붙여 2017년에 세상에 선보인 바 있다.

참으로 행복한 시간이었다. 한 정자를 두고 이렇게 많은 시편이 제작된 곳이 몇 군데나 있을지, 그것도 내로라하는 대 시인들의 작품이라니, 정말 놀라고 감격하지 않을 수 없었다.

약간의 차는 있지만 거의 똑같은 제목의 다른 감성과 시상, 각기 다른 생각과 관찰력, 각기 다른 상상력과 표현, 아! 다양성과 창의성의 대향연, 「면앙정 30영」을 노래한 일곱 분의 감성과 상상력의 파노라마에 삼가 경의를 표한다.

이 시편들이 메마른 이 시대를 적시고, 감성의 시심을 돋우는 데 분명 자양분이 되리라 믿는다. 어떤 분은 5언 절구나 7언 절구 형식으로, 다른 분은 7언 율시로, 또 다른 분은 5언과 7언 율시를 번갈아 가면서, 나름 독창적으로 시 형식에 자신의 사상과 감성을 쏟아부었는데, 행복한 마음으로 눈여겨볼 일이다.

「면앙정 30영」은 지면 관계상 석재 윤행임 것만 보기로 한다

석재 윤행임의 면앙정 30영

추영 면앙정 삼십경 차 양청계(追詠 俛仰亭 三十景 次 梁靑溪)

면앙정 주변 삼십 개의 경치를 양 청계(대박)의 운을 따라 뒤이어 읊었다. 모두 율시로 지으면서 7언과 5언을 번갈아 가는 형식

을 취한 점이 특이하다. 먼저 5언으로 시작했다.

1. 추월산의 푸른 절벽 추월취벽   秋月翠壁

우뚝 솟은 모습은 가을 달과 같고	壁立當秋月
푸른 산 모습이 공중에 걸린 듯하네	蒼蒼岳色懸
준한 모습은 골짝도 얼씬 못하는데	壤嶸凌絶壑
풍만한 모습이 먼 산꼭대기에 걸렸네	磅俊抵遙巓
우뚝 솟으니 모두가 그 아래요	鎌處渾無地
잠깐 멈춰서니 비로소 하늘이 보이네	停時始有天
신선은 아마 이런 곳에 있을 듯	仙人疑在此
험한 샘이 어디 있는 줄 물어야겠네	吾欲問靈泉

추월산의 모습을 매우 상세하면서도 그럴듯하게 묘사하고 있다. 가을 달, 풍만한 모습 등으로 추월산의 형상을 나타내 보였는데 「면앙정 30영」을 노래한 시인 가운데 가장 서정성이 뛰어난 작가라 생각된다. 추월산의 신령한 자태를 보고 신선을 떠올리면서 영천 곧 신선이 마시는 샘물의 출처를 물어본다 했으니, 그 이유가 무엇일까? 바로 그것을 여러 사람과 함께 나누어 마시고 싶은 애민의 정신이 아니겠는가? 전라도 관찰사로 부임한 지 5일 만에 형장의 이슬로 사라진 시인, 그 시인의 빛나는 서정 정신과 뜨거운 애민 정신을 되새겨본다.

면앙정에서 바라본 추월산

2. 금성산성의 옛 자취 금성고적　　　　金城古迹

허물어진 담장에는 푸른 풀만 외로운데	碧草荒垣任獨存
멀리 보이는 물은 기세등등 남으로 흐르네	南來氣勢渺川原
천년의 역사는 숲속의 산새가 말해주는데	千秋事蹟幽禽語
일국의 흥망사는 늙은 나무가 삼켰구나	一國風烟老樹呑
신라와 백제는 언제 적 나라인가	斯盧百濟何年設
긴 성을 둘러 선 울타리에 석양이 물드네	列柵長城落日翻
길가의 꽃들은 봄을 상관 않건마는	蕫路名花春不管
소 치는 아이는 목청 높여 노래하네	秪今歌曲牧兒喧

　금성산성의 축성시기를 놓고 말이 많다. 신라 말 설과 고려 초기 설이 그것인데 이 시는 신라 말 축성 설을 뒷받침하는 논거로 삼을 만하다. 조선 후기 시인이 바라본 금성산성의 퇴락한 모습, 세월 앞에 화려한 명성은 자취를 감추고 한갓 잡초만 우거진 역사의 흔적 앞에서 시인은 여러 상념에 빠진다. 2, 4, 6구의 대구와 일국의 흥망을 나무가 삼킨 채 말이 없다는 표현에 이르면 절로 감탄이 인다. 특히 석양은 알아주든 말든 붉게 물들고, 꽃들은 말없이 시간을 알린다는 구절에서는 무릎이 쳐진다.

3. 산성마을의 이른 호각소리 산성조각   山城早角

서리 내린 입암성에 새벽이 오니	霜角立巖曉
탄식하며 부르짖듯 울려 퍼지는 소리	烏烏盡意鳴
불어오는 바람결에 사원에서도 꿈을 깨고	風吹蕭寺夢
지는 달 바라보는 수자리 병사의 시름 깊어라	月落戍樓情
넓고 멀리, 온 산을 울리는 소리 때문에	廖廓山皆響
놀란 기러기는 빙빙 맴만 도는구나	盤回鴈欲驚
소리는 들렸다가는 문득 사라지는데	尋聲更超忽
버드나무 모습만 맑은 물속에 보이네	楊柳出空明

산성이 어디인지 분명하지 않으나 시구에 입암이 있어서 입암산성으로 추정해 본다. 2, 4구의 연관이 기묘하다. 나팔 소리에 잠에서 깬 병사, 멀리 고향에 두고 온 식구들을 생각하면 시름이 깊을 수밖에 없다. 나팔 소리 때문에 스님은 아직 이른 시각인데 잠을 깨고, 기러기는 놀라서 둥지에 들지 못한다. 물속에 무심코 던진 돌멩이가 개구리에게는 치명적일 수 있듯이, 기상나팔 소리의 파문은 둥글고 넓다.

4. 죽곡의 맑은 바람 죽곡청풍   竹谷淸風

고운 대나무 소리 물방아 소리처럼	竹聲瑟瑟水聲舂

푸른 골짜기로부터 십 리까지 울리네	谷口蒼然十里通
천상의 서왕모 노래를 누가 가져왔나	天上誰傳王母曲
우리나라에는 아직도 백이의 지조 남았다네	海東猶有伯夷風
서늘한 잠자리는 베개에서 가을이 나온 듯하고	夜凉入夢秋生枕
상쾌한 아침 기분은 빗물 가득한 지팡이 같아라	朝爽迎懷雨滿筇
지는 달이 빈 뜰에 대 그림자를 남겨주었는데	落月空庭如許影
몽롱하게 그린 그림, 술 취해서 쓴 글자 같아라	朦朧盡意醉文同

　서왕모가 사는 곤륜산 요지(瑤池)는 푸른 물이 흐르고 약수(弱手)가 있다고 『산해경』에 전하는데 여기서는 대나무의 푸른 모습을 보고 그 요지를 연상했다. 대나무 계곡에서 흐르는 물소리, 그 청량한 물소리가 십 리를 간다 했으니, 울림이 크다는 말이겠다. 어찌 들으면 천상에서 부르는 절세미녀 서왕모의 노래 같고, 어찌 들으면 대나무 지팡이를 짚고 충성을 간하는 백이숙제의 울분 같기도 하다. 어디 그 소리만인가? 바람에 흔들리는 그림자는 뭐라고 글씨를 쓰는 것 같은데, 술 취해 쓴 글자인 듯 읽기가 어렵다고 했다. 시인의 넉넉한 상상력이 가난한 독자를 배부르게 한다.

5. 불대산의 낙조 불대낙조　　　　　　　　　　　佛臺落照

| 저녁노을은 붉은 비단을 펼쳐놓은 듯 | 夕暈展紅錦 |
| 지는 해는 자꾸만 낮아지려 하는구나 | 斜陽望欲低 |

마을에서 나는 연기 때문에 포구 아득한데	村烟迷極浦
나무하는 아이들 소리 앞 시내까지 들리네	樵唱下前谿
풀이 모인 곳으로 소와 양이 길을 내는데	草合牛羊道
숲 속에서는 작은 새들 소리 요란하구나	林喧鳥雀棲
돌고 도는 것은 본래 하나의 이치이러니	循環元一理
달빛은 또 서쪽에서 다시 살아오겠지	月色又生西

앞에서는 저녁노을이 지는 실경과 마을의 정경(靜景)을, 뒤에서는 소와 양 그리고 새들의 집으로 돌아가는 동경(動景)을 대조적으로 말했다. 이어 마지막은 이일분수(理一分殊) 곧 이치는 하나인데 여러 모습으로 나타날 수 있음을 말하면서 철리(哲理)의 변함없음을 강조하고 있다.

6. 맑은 물결에 뛰노는 물고기 청파도어   清波跳魚

굽이굽이 시냇물 대숲으로 흐르는데	曲曲川流瀉竹林
한 굽이 얕으면 한 굽이는 깊이 도네	一回淸淺一回深
봄이야 연못에서 일찍 오는 것이니	須知澤國春生早
천지조화 활발한 곳을 찾아보게나	會向天機活處尋
혜시가 물을 본 것은 진정 까닭이 있었듯이	惠子觀濠眞有理
태공이 위수에서 낚시를 한 것은 무심이었네	太公釣渭定無心
흐르는 물의 발랄함을 내가 어이 감당하랴	任渠潑刺吾何競

어부의 노래를 이제는 물을 길 없네 　　　　　漁父歌詞不問수

　흐르는 물에 뛰노는 물고기를 보고 일으킨 시상이다. 물을 보면서 물고기의 즐거움, 강태공의 세월 낚음, 굴원의 투신자살 등을 생각하는 시인의 회고가 대단하다. 『장자』 '추수' 편에는 장자와 혜자(혜시)가 물고기의 즐거움을 사람이 알 수 있느냐, 없느냐에 대한 이야기가 나온다. 주나라 문왕을 만나기 전에 강태공은 곧은 낚시를 드리우고 자기를 알아 줄 어진 사람을 기다리며 세월을 낚고 있었다. 초나라 굴원은 자신의 조카가 왕으로서 소임을 다하지 못하자, 스스로 추방당해서 「어부가」를 지어 부르고 멱라수에 몸을 던져 충정을 드러냈던 충신이다. 물은 흐르고 그와 함께 역사도 흐르지만, 물은 아무렇지 않은 듯 예나 지금이나 생명체의 활발한 자궁이다.

7. 용구산의 저녁 구름 용구만운　　　　　　龍龜晚雲

먼 곳 나무들은 구름 속에 잠기었는데	遠樹籠雲色
용구산의 형세는 멀리 날아갈 듯하네	龍龜逈欲飛
날면 천 리라도 가려는 기세가	騰來千里勢
여러 마을을 온통 빛으로 가득 채우네	留着萬家暉
소나무 기운이 짙은 물방울을 더해주니	松氣添濃滴
산의 모습은 푸른 기운에 젖은 것 같네	山容濕翠微

| 주인은 바야흐로 유유자득 하는데 | 主人方拄笏 |
| 창문에는 숲 기운이 와서 발에 서리네 | 牎箔卷林霏 |

구름도 어쩌지 못하는 용구산, 천리라도 날아갈 듯한 그 위용에서 시상을 일으켰다. 먼 곳 나무들은 구름 속에 잠기었지만 용구산은 끄떡없다. 소나무 울창하니 산은 온통 짙고 푸른 물방울 같다. 바쁜 벼슬길에서 어렵게 낸 시간, 오래만의 여유를 주인은 만끽하고 싶다. 그것을 아는지 숲의 청량한 공기가 주인의 거처 앞 주렴에 찾아든다.

8. 칠천에 돌아온 기러기 칠천귀안   漆川歸鴈

평야 같은 모래사장이 아득하게 펼쳐진 곳에	平楚明沙極渺茫
가을을 알리는 기러기 떼 큰 강처럼 줄을 섰네	九秋鴻雁大江長
줄 잎 몇 가닥 쓸쓸하게 서릿발에 시달리는데	蕭蕭菰葉迷霜信
날갯짓하는 갈대꽃 사이로 석양이 물드네	拍拍蘆花近夕陽
새들의 발자국은 종횡으로 연신 글자를 만드는 것 같고	鳥跡縱橫仍制字
개미들은 흙더미를 옮기면서 꼬불꼬불 길을 가네	蟻封盤屈自成行
돌아오더라도 관산월 노래만은 부르지 말기를	歸時莫叫關山月
수자리 나간 병사의 고향 생각이 간절할 터이니	叵耐征人憶故鄕

예나 지금이나 전쟁은 큰 상처와 이별의 아픔을 수반한다. 칠천에

날아든 기러기를 보고 일으킨 시상인데, 앞의 여섯 줄은 칠천의 정경을 그린 것이고, 뒤에 두 줄은 시인이 마음속에 품은 정회를 읊은 것이다. 변방에 수자리를 나간 병사는 늘 고향 소식이 그립기 마련이다. 기러기 날아오면 혹여 고향 소식을 전해 줄까 하여 설렘이 클 것인데, 느닷없이 그 기러기가 관산월을 노래한다면 기대와 달리 실망이 얼마나 클 것인가? 시인의 당부가 큰 울림으로 다가온다.

9. 넓은 들판의 황금물결 광야황도　　　曠野黃稻

늙은 잣나무 사립문에 그늘을 내리면	柴門蔭老栢
즐거운 웃음 지으며 가을을 맞이하네	嬉笑見秋登
하얀 물가 옆 언덕엔 소들이 졸음 짓고	白水牛眠岸
잘 여문 곡식 전답 두둑에 새가 앉는다	黃雲鳥下塍
이리저리 흐르는 모양 어찌 한량 있으랴	縱橫寧有限
넓은 물줄기는 끝이 없는 듯 아득하여라	浩渺若無憑
빨갛게 물든 단풍잎 바라보면서	深絳覘楓葉
내년의 좋은 징조 기대해 본다네	來年且好徵

풍년의 들판이다. 면앙정에서 내려다본 황금 들판의 넉넉함이 살갑게 다가온다. 풍년 농사짓느라 수고한 황소는 이제 할 일이 없어 언덕에서 졸고 있는데, 먹을 것이 많아진 새들은 논 두둑을 찾아든다. 맑은 가을 개울물은 이리저리 구불구불 흐르고, 단풍잎

은 내년의 풍년을 기약한 듯 붉게 타고 있다.

10. 넓은 들판에 개인 눈 평교제설　　　　　　平郊霽雪

봄날의 눈이 육각의 꽃이 날리는 것처럼 내리더니	春雪花如六出飄
잠시 개는가 싶더니 차가운 바람이 세차게 부네	暫時開霽朔風驕
무성한 풀과 나무들은 널찍하게 깔려 있고	依依草木平鋪盡
끝없이 넓은 강과 산은 한결같이 멀기만 하다	漠漠江山一色遙
모래인지 물가인지 몰라서 아침부터 백로 내려앉고	沙渚不分朝下鷺
촌마을의 연기 때문에 늦게 돌아가는 초동이 길을 잃네	煙村又失晚歸樵
시 짓는 늙은이 매화가 피었는가 찾고 있는데	詩翁欲訪梅花否
지는 해 바라보니 시상이 절로 나네	西日靑驢上灞橋

눈이 오다 개인 넓은 전원의 모습이다. 육각의 눈은 내렸다 쉬었다를 반복하며 들판을 하얗게 덮는다. 이제 들판은 모래사장인지 물인지도 분간하기 어렵다. 그저 하얗다. 백로는 강물로 착각을 하고, 초동은 돌아갈 길을 잃는다. 눈 가운데 피는 꽃, 설중매는 어딘가에서 그윽한 암향을 발산하는데 석양은 붉게 타들어간다. 이런 광경에서 그 누가 시인이 되지 않으랴!

11. 송림의 오솔길 송림세경　　　　　　　松林細逕

우람한 소나무가 모여 있는 곳에서	落落長松聚
향기 나는 풀들이 무성히 자라네	萋萋芳草生
무성한 나무 그늘 사이로 시냇물이 흐르는데	繁陰出澗道
짙은 녹음은 바위의 입구를 막아버렸네	濃翠濕巖扃
푸른 쑥은 점점 가늘어지는데	漸入靑蘿細
때때로 하얀 사슴이 다가오네	時兼白鹿行
푸른 시내의 흥취가 끝이 없는데	緣溪興未已
모정에 어느덧 석양이 찾아드네	斜日又茅亭

　소나무 숲 사이에 나 있는 오솔길을 보고 시상을 일으켰다. 솔숲, 그 아래 무성한 풀들, 작은 시냇가에서 졸졸 연주하는 물소리, 무성한 그늘과 쑥, 이따금 찾아오는 사슴들, 곧이어 밀려드는 붉은 노을, 문자 그대로 전원의 정경을 담은 수묵화 한 장이다.

12. 목산 어부의 피리소리 목산어적　　　　　木山漁笛

목산의 저녁노을 강물을 물들이면	木山斜日半江籬
강에 잠긴 산 그림자 강 따라 가려는 듯	山影蘸江江欲移
어부는 가을빛을 만끽하며 돌아가는데	漁子歸時弄秋色
갈대꽃은 깊은 곳에서 외로이 노래하네	荻花深處動孤吹

연기 피어나니 갈매기의 꿈은 더디 깨고	暗和鷗夢携烟出
맑은 피리 소리에 물결은 자꾸만 더디 가네	淸徹龍吟度水遲
마을에 어둠 들자 아이는 벌써 문에서 기다리는데	童已候門村欲暝
마을을 울리고 남은 소리 다시 어디까지 가려는지	洞天餘響更何之

목산 마을에 저녁이 드는 모습에서 시상이 일었다. 강물에 잠긴 산이 강물 따라 가고자 하고, 어부는 그물을 거두어 집으로 가는 시각이다. 집집에서 밥 짓는 연기에 갈매기는 밤인 줄 착각하고 잠을 청하는데, 아이는 피리를 불며 아버지를 기다린다. 참 곱기도 한 저 소리가 어디까지 퍼질지… 도연명의 「귀거래사」한 대목이 떠오른다. "머슴은 길에 나와 나를 반기고, 어린 것들은 대문에서 나를 맞는다."

13. 모래톱에서 조는 해오라기 사두면로　　沙頭眠鷺

하얀 구름 같은 실 날개로	絲翮如雲白
석양이 되니 물가에 앉네	夕陽下水田
얕은 여울은 혼자 서서 지키고	淺灘成獨立
깊은 잠은 버드나무에서 잔다네	新柳倚高眠
마침 취미가 같은 어부를 만나	取適漁翁趣
마을의 어진 사람으로 동맹을 했네	尋盟洞客賢
어느 때나 깊은 꿈을 깨서	何時夢欲罷

| 훨훨 먼 곳으로 날아가려는지 | 翻入九霄邊 |

　석양은 모든 생명체를 쉬게 하려는 신호이다. 석양이 붉게 물들면 모래톱의 해오라기도 둥지를 찾는다. 둥지라야 버드나무 가지지만. 그러나 얼마나 다행한 일인가? 마침 취미가 같은 어부를 만났으니 말이다. 저 한가하게 졸고만 있는 해오라기, 언제쯤 다른 곳으로 날아갈지, 아마 영원히 가지 않을 것이지만….

14. 어등산의 저녁비 어등모우　　　　　　　魚登暮雨

창포 잎 부드러워지면 살구꽃 피는데	菖蒲葉軟杏花開
푸른 산속에 보슬보슬 가는 비 내리네	山翠空濛細雨來
풀이 우거지니 봄물 흐르는 소리 희미하고	楚色依迷春水響
마을의 모습은 저녁연기로 둘러싸이네	村容點綴暮煙回
처마의 젖은 휘파람새 둥지 찾기 더딘데	近簷鸎濕歸巢緩
나무 사이에서 비둘기들 파종을 재촉하네	隔樹鳩啼下種催
강남 갔던 제비가 돌아오는 대로	隨意江南遊子返
멋진 누각 서쪽에서 술잔을 나눠보리	畵樓西畔喚深杯

　어등산에 저녁 들어 비가 내린다. 뭐하는 비일까? 그 빗기에 살구꽃이 피고 봄풀이 우거진다. 봄풀은 가는 물줄기를 막아선다. 비가 내려야 할 이유가 있다. 농사를 준비해야 하니까. 빗물을 모으면 사방

연못 곧 사택(四澤)이 넉넉하게 출렁일 것이다. 이제 남은 건 비둘기 소리와 제비의 귀환에 맞추어 파종을 해야 한다. 그러고 나서는 누각에 올라 앉아 풍년을 예축하는 농주(農酒) 잔을 기울인다.

15. 심통사의 긴 대나무 심통수죽 　　　　心通脩竹

절 이름이 심통이라 불리니	寺以心通號
긴 대숲에 있음을 알겠구나	知爲脩竹林
내린 뿌리는 오래된 벽에 금을 내고	根盤蒼壁裂
가지는 푸른 하늘을 누르는 듯하네	枝壓碧雲沈
칼이야 길어봤자 삼척이요	劍拔纔三尺
깃발은 펼쳐 봐도 백심일 터	旗張竟百尋
푸른 그늘 우거져 빽빽한 곳에서	淸陰鬱不散
술이나 마시면서 번뇌를 씻어보리	携酒滌煩襟

긴 대나무 우거진 곳에 절이 한 채 서 있다. 대나무 뿌리는 절의 벽면까지 뻗어서 금을 내고, 그 가지는 하늘을 가린다. 어떤 칼이나 깃발이 이런 대나무의 위용을 당할 수 있겠는가? 이 대숲에서 마시는 한 잔의 술이라니, 가슴에 맺힌 번뇌가 시원하게 씻겨 내린다.

16. 금성산의 저녁놀 금성모애 　　　　　　錦城暮靄

나주성은 우거진 솔숲에 서 있는데	羅州城出萬松間
강 노을의 맑은 기운 돌산을 둘렀네	江靄虛明繞石山
막걸리에 취한 태수는 비단 자리를 헤매고	太守香醪迷錦席
꾸벅꾸벅 조는 미인은 머리털을 끌어안네	美人春睡擁雲鬟
새장에 갇힌 듯 푸른 풀들은 어쩔 줄 모르고	細籠碧草渾無賴
열쇠로 채운 듯 화려한 누각은 조용하여라	暗鎖朱樓澹欲還
넓고 먼 땅을 수묵화로 다시 그려 놓은 듯	水墨更摹平遠意
곽희의 화필도 일찍이 한가한 적 없었다지	郭熙花筆不曾閒

나주성이 솔숲에 있다는 말로 시상을 열었다. 성안에 노을이 물든다. 막걸리 기운은 태수를 감싸 안고 이내 취하게 했고, 시중드는 여인도 같이 취하여 단장한 머리를 주체하지 못하고 꾸벅거린다. 노을은 풀들을 감싸 안아 넋을 빼고, 커다란 누각도 노을 속에 그만 붉게 잠긴다. 커다랗고 아름다운 수묵화의 한 장면 같다. 북송 때의 산수화가인 곽희가 살아서 온 것인가?

17. 대추리 나무꾼의 노랫소리 대추초가 　　　　　　大秋樵歌

풀 베는 아이들 노래는 가끔씩 들리는데	草兒歌斷續
마을에서 밥 짓는 연기는 자욱하구나	墟里炊烟稠

시냇물은 작은 길을 내며 흘러가는데	澗水通微徑
석양은 멀리 언덕을 휘감으며 내리네	夕陽籠遠邱
독창적인 노래는 구름이 나무를 가린 듯하고	新飜雲木暗
봄 산이 거듭 거듭 깊어진 듯하여라	再疊春山幽
숲에 어리는 놀은 비를 내릴 듯하는데	再疊春山幽
줄 잎의 소리는 더욱 한가하여라	葉茄聲更悠

1, 2구의 대구가 기발하다. 뿐만 아니다. 3, 4구의 대구는 물론 5, 6구도 대구로 시상을 이었다. 가끔과 자욱, 정과 동, 급과 완, 깊음과 가림 등의 대구적 표현은 시인의 역량이 한껏 드러나 있다. 특히 나무꾼의 독창적인 노래 솜씨 때문에 구름이 갈 길을 멈추고 그 바람에 봄 산이 깊어졌다는 표현에 이르면 감탄이 절로 난다.

18. 앞 시내의 작은 다리 전계소교   前溪小橋

평교 십 리 밖에선 무성한 안개 이는데	平橋十里出烟蕪
잔잔한 물에 그림자 비치니 외롭지 않네	倒映晴川影不孤
멍에 같은 무지개다리는 들녘으로 통하며	穩駕虹霓通野驛
관리들의 수레와 마차를 기쁘게 맞이하네	好迎車馬接官途
낚싯대 메고 오는 도롱이 입은 어부와 짝을 이루어	靑簑收釣歸漁伴
친구들 둘러 앉아 연 안주에 술잔을 나누네	碧藕傳觴坐酒徒

| 꽃이 핀 언덕의 버드나무 별장에서 상하가 분분하니 | 花塢柳莊紛上下 |
| 완전히 한 폭의 망천도 그림 같네 | 渾疑一幅輞泉圖 |

멍에 다리, 순 우리말이 무척이나 살갑게 다가선다. 알고 보니 무지개다리는 한자어 홍예를 번역한 말이다. 작은 다리지만 농부를 농장으로 인도하고, 관리 실은 수레를 맞이하며 그물 걷어 귀가하는 어부도 맞는다. 하지만 거기서 끝나지 않는다. 친구들을 불러 모아 술잔을 나누게 하고, 상하의 사람들을 다 소통시킨다. 이른바 별천지의 세계다.

19. 뒤 숲에 사는 새 후림유조   後林幽鳥

숲이 우거지고 산길이 꼬불꼬불하니	薄鬱紆曲叢
깊은 산속의 새들은 나느라 진땀이네	幽禽盡意飛
흐르는 시냇물 소리만 졸졸졸 들리는 곳	聲隨流澗出
새 둥지인지 구름인지 구분하기 어렵구나	巢與宿雲依
꽃 너머로 보이는 산의 모습 곱기도 한데	花外山光靚
마을 주변에는 나무 그림자가 어른거리네	村邊樹影微
두견새 자꾸자꾸 술잔을 권하니	提壺頻勸我
맑은 빛과 함께 봄 술을 마시노라	春酒對晴暉

우거진 숲, 매우 울창하여 새도 날기조차 힘들다는 말로 시상을

열었다. 적막을 깨는 것은 졸졸졸, 시냇물 흐르는 소리다. 구름에 둥지가 있는지 나무에 둥지가 있는지 헷갈리는 숲새, 단정하기까지 한 산속에 또 하나의 적막을 깨는 소리, 봄 술 한 잔 하자는 두견이 소리다.

20. 먼 포구의 모래사장 극포평사　　　　　　　　　　極浦平沙

따스한 물가에 꽃은 피고 봄 물은 잔잔한데	渚暖花明春水濺
십 리의 맑은 모래사장은 아득하구나	晴沙十里一蒼然
향내 나는 푸른 풀 사이로 고기들 다투어 얼굴 내밀고	翠連芳草魚爭出
저녁노을 사그라지니 기러기들 잠자리를 찾는구나	紅斂斜陽鴈欲眠
백마는 파도를 우거진 언덕으로 착각하고	白馬波濤迷楚岸
뿔 있고 껍질 가진 것들 넓은 데서 햇볕을 쬐네	玉龍鱗甲曬秦川
갑자기 쌍피리 소리가 빈 골짜기를 울리니	忽聞雙篴響空谷
알겠네 고기 잡는 아이가 버드나무 아래서 불고 있음을	知有漁童臥柳邊

여덟 줄 한시의 묘미는 2, 4, 6구의 대구가 주는 묘미다. 위에서도 아득하고, 찾고, 쬔다의 대구가 절묘하리만큼 정과 동을 조화롭게 연결하고 있다. 멀리 바라 뵈는 것은 모래사장의 모습이다. 시인 가까이에 있는 것과 멀리 보이는 것들의 대조를 보자. 1구는 시인이 곁에서 보는 것이고, 2구는 멀리 바라 뵈는 것이다. 뒤를 이어 3, 4구도 그렇고 5, 6구와 7, 8구도 그렇다. 시인은 근체 한시의 묘

미를 갖고 놀 줄 아는, 천부적인 재능을 가진 뛰어난 시인이다.

21. 용진산의 기이한 봉우리 용진기봉　　　　　湧珍奇峯

용진 그 이름이 잘못되지 않았으니　　　　湧珍名不爽
두 봉우리가 가을 하늘에 기대어 섰네　　　雙峀倚秋空
화락한 모습은 천상의 기운을 받은 듯　　　融結由元氣
맷돌 같은 모습이라니 조화의 신공 아닌가　磨礱認化功
가마 타고 학이 둥지를 찾아드는 듯　　　　扶輿巢鶴返
안개를 털어내니 전체 모습 보이네　　　　矯拂海雲通
긴 휘파람부니 숲 속은 진동을 하고　　　　長嘯動林壑
찬바람 일어나 소매 속에 가득하네　　　　冷然滿袖風

　우뚝하면서도 화락한 모습, 맷돌 같은 모양의 용진산 두 봉우리를 두고 시상을 일으켰다. 천상의 기운과 조화의 신공으로 빚은 봉우리, 찬바람이 일어나니 휘파람 소리 같은 것이 맑게 들리고 이내 소매 속을 시원한 냉기가 파고든다. 올 여름 꼭 한번 용진의 품에 안겨 척서(滌署)를 즐기고 싶다.

22. 석불사의 드문 종소리 석불소종　　　　　石佛踈鍾

석불사 앞에 지팡이 소리들 맴도는데　　　石佛寺前遠錫筇

고요한 산사에서는 드문드문 종소리 나네	寺門岑寂出踈鐘
엄숙하고 고요함이 마음에 새겨지는데	靈臺肅穆心存警
높은 누각에 오른 달은 용모를 단정케 하네	高閣虛明起整容
숲 속에서는 맑고 밝은 온갖 소리가 흘러나와	瀏亮林間生萬籟
구름 사이에 머물며 온 봉우리를 울리네	逗遛雲際響千峯
숲 속의 새들도 따라 노래하느라 돌아감이 늦어지는데	幽禽磔磔歸棲晩
먼 소나무에도 맑고 푸른 연기 피어오르네	淡抹靑煙欲遠松

산사에서 나는 종소리로 시상을 삼았다. 석불사를 찾아오는 사람들의 지팡이 소리가 요란한데, 종소리는 아랑곳하지 않고 드문드문 들린다. 그 종소리는 무언가를 생각하게 하고 되새기게 한다. 거기에 맑은 달빛은 감히 함부로 쳐다볼 수 없을 만큼 청아하다. 종소리는 은은하게 구름을 머뭇거리게 하고, 새들의 귀소도 늦어지게 한다. 종소리 멀리 퍼져 먼 소나무에 어리는 연기조차 맑고 담박하게 해준다.

23. 골짜기의 붉은 여뀌 간곡홍료 澗曲紅蓼

깊숙한 곳의 계곡물은 구불구불 돌아가는데	縈回幽澗曲
여뀌 꽃이 피니 알록달록 붉은색 천지네	蓼發淺深紅
곱고 부드러운 풀들이 언덕에 나 있는데	嫋娜偏當岸
가볍고 아름다운 모습은 바람에도 끄떡 않네	輕盈不受風

잎사귀는 겨우 물새를 숨길 만한데	葉纔藏水鳥
꽃은 물가의 단풍을 시기하는 듯하네	花欲妬汀楓
지는 해 모습 비할 데 없이 고운데	西日更奇絶
매화 향기가 어부에게 달라붙네	踈香着釣翁

굽이쳐 도는 물가에 붉게 여뀌가 꽃을 피웠다. 여뀌와 단풍, 그리고 붉은 노을이 한데 어울려 홍색의 만찬을 차려 놓은 정경이다. 그것만이 아니다. 은근한 매화 향기는 어부에게 달라붙어 봄 소식을 전하느라 여념이 없다.

24. 서석산의 아지랑이 서석청람 瑞石晴嵐

하늘 끝에서 떠오른 한 줄기 푸른빛처럼	浮出天末一色靑
서석산의 모습은 맑게 머리 감은 듯하네	瑞石山光浴新晴
진심으로 세탁한 듯 그 모습 빛나고도 깨끗한데	盡心淘洗容華靚
눈을 크게 뜨니 가로 뻗은 늠름한 기세 보이네	極目嶒崚氣勢橫
짜 놓은 듯한 꽃무늬들은 베틀이 끊어질 정도인데	織似花紋機欲斷
처음부터 저랬을까 수묵화보다 진한 모습이라니	濃於水墨畵初成
가련한 저 새는 본래부터 기쁨을 알기에	可憐鳥性能知悅
지는 해를 바라보며 나무 사이에서 노래 부르네	簾外斜陽隔樹鳴

서석산에서 피어나는 맑은 아지랑이로 시상을 일으켰다. 아지랑

이에 감긴 서석의 모습은 깨끗하기 그지없다. 이제 막 산이 머리를 감은 듯하다. 늠름한 기세와 꽃으로 수놓은 듯한 아름다운 모습, 저렇게 꾸미느라 베틀이 끊어졌어도 몇 대는 망가졌을 것 같다. 한마디로 아름다운 수묵화 한 폭이다. 그 사이에서 새는 기뻐하며 저녁을 맞는다.

25. 몽선산의 푸른 소나무 몽선창송　　　　夢仙蒼松

봄 산은 온통 고요 속에 있는데	春山一以靜
소나무는 말없이 숲을 이루었네	松樹自成林
밝은 해는 맑은 하늘을 울리려는 듯하고	白日晴空響
짙은 구름은 온 골짜기를 그늘지게 하네	蒼雲萬壑蔭
고요하면서도 곧은 모습을 홀로 지닌 듯	幽貞獨充操
아무리 추워도 변할 마음 갖지 않네	栗烈敢渝心
그대 여러 향기 나는 꽃과 나무여	問爾羣芳樹
아, 그 누가 예와 지금을 꿰고 있을까	阿誰貫古今

몽성산은 지금의 삼인산을 가리킨다. 삼인산의 푸른 소나무로 시상을 삼았다. 때는 봄날, 사방은 고요하다. 하늘엔 태양이 연주를 하고, 구름은 질세라 골짝을 가린다. 그 사이 추위에도 지조가 변하지 않는 곧은 모습의 창송이 눈에 든다. 여러 향기 나는 꽃과 나무들이 어찌 역사를 알겠는가?

26. 두 개울에 비친 가을 달 이천추월   二川秋月

백로는 맑은 물을 둘로 나누듯 서 있고	中分白鷺水淸漪
맑은 달은 만 리까지 가을빛을 드날리네	晴月秋揚萬里輝
연기는 나무와 냇가에 깔려 그 끝이 막막하고	烟樹川原仍漠漠
서리가 연잎과 누각에 내리니 그 모습 뚜렷하네	露荷樓閣更依依
원래 사욕이 없어 사해를 두루 비출 줄 알지만	元知四海無私照
도리어 해, 달, 별 순서로 번갈아 떠오른다네	却任三光謾遞飛
갑자기 소동파가 밤에 뱃놀이하던 것이 떠오르나니	忽憶東坡舟泛夜
무창의 산 빛에 눌려 별들 그만 빛을 잃네	武昌山色見星稀

  이 천은 원래, 하나의 시내인 일 천일지도 모를 일이다. 백로가 가운데 서서 물을 둘로 갈라놓은 듯하다는 시인의 시적 표현이 이 천일 수 있다. 이 천에서 맞이하는 가을 달로 시상을 열었다. 대구의 선명성이 시적 분위기를 맑게 자아낸다. 백로와 짝하는 맑은 물과 달, 또 연기의 막막함과 서리의 뚜렷함이 주는 대조, 욕심이 없어 천강에 고루 비치는 자비로움, 하지만 욕심을 부리지 않고 순서를 따라 제 임무를 다 하는 원칙주의자, 이지러지면 부지런히 다시 채울 줄 아는 성실함, 그런 가을 달빛에 그만 빛을 잃은 별이라니….

27. 혈포의 새벽안개 혈포효무　　　　　穴浦曉霧

포구 마을에 환한 새벽이 오려 하는데	浦村耿欲曙
봄 안개 끼어서 어둑어둑하네	春霧作黃昏
아주 먼 곳까지 하나로 이은 안개	涯角仍相合
어디가 어둡고 밝은지를 분간할 수가 없네	陰陽遂未分
누가 감히 밝은 태양 속일 수 있으랴	誰能欺白日
내가 잠시 저 먹구름을 걷어 내리라	吾且掃頑雲
바람이 불어와 순식간에 흩어버리니	風力忽吹散
아침 햇살이 바로 문 앞에 비쳐오네	朝暉正到門

　　혈포에 내린 안개로 시상을 열었다. 안개가 상징하는 것이 무엇일까? 멀리 있는 것까지 다 삼켜버리는 안개, 이와 대조를 이루는 아침 햇살을 맞이하기 위해서는 꼭 없어져야 할 상대이다. 안개는 임금의 총애를 가리는 간신배일 수 있고, 개혁을 저해하는 기득권일 수도 있으며 정의와 진실을 호도하는 무리일 수도 있다. 어쨌든 척결되어야 대상이다.

28. 멀리 나무에 어리는 밥 짓는 연기 원수취연　　　遠樹炊烟

멀리 아침 연기가 들녘에 퍼지더니	一望朝烟野色漫
물가를 감싸고 숲까지 휘감는다	纔籠浦溆更林端

늙은 잣나무 사립문에 그늘을 내리면

즐거운 웃음 지으며 가을을 맞이하네

빨갛게 물든 단풍잎 바라보면서

내년의 좋은 징조 기대해 본다네

인정은 늘 두터울수록 좋다고 하지만	人情每說濃逾好
나는 오직 담박한 데에 처하기를 원한다네	我意偏尋淡處看
금실의 그윽한 향기에 꽃은 봉오리를 터뜨리려 하고	金縷暗香花欲綻
옥조의 묘한 햇무리는 술이 익어가는 징조라네	玉槽微暈酒將闌
"앞마을에는 아직도 밥을 짓지 못하는 집이 있구나!"의	前村猶有未炊否
주자의 시를 읽다 말고 의관을 바르게 한다네	誦罷朱詩也整冠

멀리서 밥 짓는 연기가 피어나는 광경을 보고 읊은 시이다. 주제는 주자의 검박시(儉朴詩)와 같은 것인데 결국 검약과 고마움을 아는 것이 중요하다는 교훈을 담았다. 주희가 딸집을 방문했을 때 딸과 사위는 모처럼 오신 친정아버지와 장인을 잘 대접하고 싶었지만, 형편이 넉넉하지 못하여 파국과 보리밥으로 대접하면서 죄송해 했다. 이에 주희는 총탕맥반(蔥湯麥飯)의 장점을 말하면서 그들을 위로했다. 총탕은 파국을, 맥반은 보리밥을 가리킨다. 파국은 단전을 보호하고, 보리밥은 허기를 채워준다는 말로써 딸 내외의 마음을 편하게 해준 아버지, 그러면서도 "앞마을에는 아직도 밥을 하지 못하는 집이 있구나!" 하며 밥 지은 것만으로도 고마워하라는 가르침은 코끝을 찡하게 한다.

29. 항아리바위의 우뚝한 모습 옹암고표

甕巖孤標

| 바위의 높이는 백 척이나 되는데 | 巖巖高百尺 |

외롭다 불평 없이 우뚝 서 있네	亭立不嫌孤
얼굴 가득 바람과 구름을 맞으며	滿面風雲色
온몸을 드러낸 채 세월을 맞고 있네	呈身日月衢
우뚝 솟은 모습은 화표인 것 같고	軒昂疑華表
찬을 새겨 놓은 황부도 같다	鑱刻怳浮圖
이 항아리에 술을 채울 수 있다면	此甖如盈酒
나는 장차 옥 술잔을 띄울 터인데	吾將泛玉壺

항아리바위의 우뚝한 모습을 보고 시상을 일으켰다. 백 척이나 높은 바위, 비바람 홀로 견디지만 불평 한마디 없다. 궁궐의 상징인 화표 같기도 하고, 사찰의 상징인 부도 같기도 하다. 하지만 시인은 보다 더 낭만적인 상상을 한다. 항아리바위를 술동이로 본 것이다. 저렇게 큰 술동이에 가득한 술, 어찌 평범한 술잔으로 마실 수 있으랴! 옥잔을 준비하련만….

30. 칠만의 봄빛(꽃) 칠만춘색　　　　　　　　七巒春色(花)

칠만은 꽃나무가 성을 둘렀는데	七巒花木繞城斜
골목과 언덕 가득 꽃들이 만발했네	僻巷窮崖盡發花
들녘의 구름은 비단 장막을 펼쳐놓은 듯하고	平野流雲開繡幕
모래밭의 아침 해는 붉은 비단이 볕 쬐는 것 같네	明沙初日曬紅羅
바람 부니 상서로운 기운이 온 나무에 이르고	風前瑞色籠千樹

비 개이니 온갖 향기 집집마다 엉기네	雨後繁香擁萬家
묻노니 낙양에는 길이 몇 개나 되길래	借問洛陽多少陌
봄맞이 수레꾼들 여기 말고 어디로 간단 말인가	賞春車騎更如何

위의 시가 실려 있는 『석재별고』는 서울대 규장각본과 연세대중앙도서관본이 있는데, 위 시는 연세대본을 저본으로 한 것이다. '칠만춘색'의 경우, 서울대본에는 '칠만춘화'로 되어 있다. 의미는 별 차이가 없을 것 같다. 칠만의 봄날 정경으로 시상을 삼았다. 역시 2, 4, 6구의 동적 시상은 시에서 생동감을 자아낸다. 칠만이 중국의 대표 고도인 낙양보다도 더 아름답다는 시인의 자긍심이 어깨를 으쓱하게 한다. 칠만이 지금 어딘 줄 알면 꼭 한번 봄 구경을 하고 싶은데 아쉽다.

「면앙정 30영」을 지은 사람들

석천 임억령(石川 林億齡, 1496~1568)

조선 중기의 문신. 본관은 선산(善山). 자는 대수(大樹), 호는 석천(石川). 수(秀)의 손자로, 우형(遇亨)의 아들이며, 어머니는 박자회(朴子回)의 딸이다. 석천은 박상(朴祥)의 문인으로 1516년(중종 11) 진사가 되었고, 1525년 식년문과에 병과로 급제하였다. 그 뒤 부교리·사헌부지평·홍문관교리·사간·전한·세자시강원설서 등 여러 직위에 임명되었다. 1545년(명종 즉위년) 을사사화 때 금산군수로 있었는데 동생 백령(百齡)이 소윤 일파에 가담하여 대윤의 많은 선비들을 추방하자, 자책을 느끼고 벼슬을 사퇴하였다. 그 뒤 백령이 원종공신(原從功臣)의 녹권(錄券)을 보내오자 분격하여 이를 불태우고 해남에 은거하였다. 뒤에 다시 등용되어 1552년 동부승지·병조참지를 역임하고, 이듬해 강원도관찰사를 거쳐 1557년 담양부사가 되었다.

그는 천성적으로 도량이 넓고 청렴결백하며, 시문을 좋아하여 사장(詞章)에 탁월하였으므로 당시의 현인들이 존경하였으나 벼슬하는 데는 적당하지 않았던 것으로 사신(史臣)들이 평하였다. 전라남도 동복의 도원서원(道源書院), 해남의 석천사(石川祠)에 제향되었다. 저서로는 『석천집』이 있다.

하서 김인후(河西 金麟厚, 1510~1560)

조선 중기의 유학자·문신. 본관은 울산. 자는 후지(厚之), 호는 하서(河西) 담재(湛齋). 전라도 장성 출신. 아버지는 참봉 영(齡)이며, 어머니는 옥천 조씨(玉川 趙氏)이다.

10세 때 김안국(金安國)에게서 「소학」을 배웠고, 1531년에 성균사마시에 합격하여 성균관에 입학, 이황(李滉) 등과 교우가 두터웠다. 1540년에 별시문과에 병과로 급제하여 권지승문원부정자(權知承文院副正字)에 등용되었으며, 이듬해에 호당(湖堂)에 들어가 사가독서하고, 홍문관저작(弘文館著作)이 되었다.

1543년에 홍문관박사 겸 세자 시강원설서·홍문관부수찬이 되어 세자 보도(輔導)의 임무를 맡았다. 특히 기묘사화 때 죽음을 당한 제현(諸賢)의 원한을 개진하여 문신으로서 본분을 수행하였다. 그 해에 부모의 봉양을 위해 옥과현감(玉果縣監)으로 나갔다.

중종이 죽자 제술관(製述官)으로 서울에 올라왔으나, 1년도 채 못 되어 인종이 죽고 곧이어 을사사화가 일어나자, 병을 이유로 고향 장성에 돌아갔다. 그 뒤 1554년까지 성균관전적·공조정랑·홍문관교리·성균관직강 등에 제수되었으나 사직하고 나아가지 않았다.

시문에 능하여 10여 권의 시문집을 남겼으나 도학에 관한 저술은 많지 않다. 그러나 성리학 이론은 유학사에 있어서 중요한 위치를 차지하고 있는데, 당시 이항(李恒)과 기대승(奇大升) 사이에 논란되었던 태극음양설에 대하여 이항의 태극음양일물설(太極陰陽一物說)을 반대한 기대승에 동조하여, 인심과 도심은 다 그 동처(動處)를 두고 이른 말임을 주장함으로써, 후일 기대승의 주정설(主情說) 형성에 깊은 영향을 미쳤다고 할 수 있다.

학문은 성경(誠敬)을 주안으로 하였기 때문에 노수신(盧守愼)과 더불어 숙흥야매잠해(夙興夜寐箴解)를 논한 것을 보면, 마음이 일신을 주재한다는 노수신의 설을 비판하면서, 마음이 일신을 주재하지만 기(氣)가 섞여서 마음을 밖으로 잃게 되면 주재자를 잃게 되므로, 경(敬)으로써 이를 바르게 하여야 다시금 마음이 일신을 주재할 수 있게 된다고 주장하여, 이른바 주경설(主敬說)을 내놓았다. 천문·지리·의약·산수·율력(律曆)에도 정통하였다.

제자로는 정철(鄭澈)·변성온(卞成溫)·기효간(奇孝諫)·조희문(趙

希文)·오건(吳健) 등이 있으며, 1790년(정조 20년)에 문묘에 배향되었다. 장성의 필암서원(筆巖書院), 옥과의 영귀서원(詠歸書院)에 제향되었으며, 대광보국숭록대부 영의정겸 영경연·홍문관·예문관·춘추관·관상감사에 추증되었다.

저서로는 『하서집』, 『주역관상편(周易觀象篇)』, 『서명사천도(西銘事天圖)』, 『백련초해(百聯抄解)』 등이 있다. 시호는 문정(文正)이다.

제봉 고경명(霽峯 高敬命, 1533~1592)

조선 중기의 문신·의병장. 본관은 장흥(長興). 자는 이순(而順), 호는 제봉(霽峰) 태헌(苔軒). 광주 압보촌(鴨保村) 출생. 아버지는 대사간 맹영(孟英)이다.

1552년(명종 7년) 사마시에 제1위로 합격, 진사가 되고, 1558년 왕이 직접 성균관에 나와 실시한 시험에서 수석하여, 곧바로 전시(殿試)에 응시할 수 있는 특전을 받았다. 같은해 식년문과에 장원으로 급제하여 성균관전적에 임명되고, 이어서 공조좌랑이 되었다. 그 뒤 형조좌랑 사관원정언 등을 거쳐 호당(湖堂)에 사가독서(賜暇讀書)하였다.

1561년 사간원 헌납이 된 뒤 사헌부지평, 홍문관의 부수찬·부교리를 거쳐 1563년 교리가 되었다. 이때 인순왕후(仁順王后)의 외숙인 이조판서 이량(李樑)의 전횡을 논하는 데 참여하고 그 경위를 이량에게 몰래 알려 준 사실이 드러나 울산군수로 좌천된 뒤 곧 파직되었다. 관직에서 물러나 고향에 돌아와 고전을 탐독하거나 자연과 벗삼아 산수를 유람하면서 『유서석록(遊瑞石錄)』을 저술하였다.

1581년(선조 14년) 영암군수로 다시 기용되었으며, 이어서 종계변무주청사(宗系辨誣奏請使) 김계휘(金繼輝)의 서장관(書狀官)으로 명나라에 다녀왔다. 이듬해 서산군수로 전임되었는데, 명사원접사(明使遠接使) 이이(李珥)의 천거로 그 종사관(從事官)이 되었으며, 이어서 종부시첨정에 임명되었다.

1583년 한성부서윤·한산군수를 거쳐 예조정랑에 임명되었으나 부임하지 않았다. 이듬해 사복시첨정이 된 뒤 성균관사예를 거쳐 순창군수로 재직 중 1588년에 파직되었다. 1590년 승문원판교로 다시 등용되었으며, 이듬해 동래부사가 되었으나 곧 서인이 실각하자 파직되어 고향에 돌아왔다.

뒤에 의정부좌찬성에 추증, 광주의 포충사(褒忠祠), 금산의 성곡서원(星谷書院)·종용사(從容祠), 순창의 화산서원(花山書院)에 배향되었다. 시·글씨·그림에 능하였으며, 저서로는 시문집인 『제봉집』, 무등산기행문인 『유서석록(遊瑞石錄)』, 각처에 보낸 격문을 모은 『정기록(正氣錄)』이 있다. 시호는 충렬(忠烈)이다.

사암 박순(思庵 朴淳, 1523~589)

조선 중기의 문신·학자. 본관은 충주. 자는 화숙(和淑), 호는 사암(思菴). 우윤(右尹) 우(祐)의 아들이며, 목사 상(祥)의 조카이다.

1553년(명종 8년) 정시문과에 장원한 뒤 성균관전적·홍문관수

찬·교리·의정부사인(舍人)등을 거쳐, 1561년 홍문관응교로 있을 때 임백령(林百齡)의 시호 제정 문제에 관련, 윤원형(尹元衡)의 미움을 받고 파면되어 향리인 나주로 돌아왔다.

이듬해 다시 기용되어 한산군수(韓山郡守)로 선정을 베풀었고, 홍문관직제학·승정원동부승지·이조참의 등을 지냈다. 1565년 대사간이 되어 대사헌 이탁(李鐸)과 함께 윤원형을 탄핵함으로써 포악한 척신 일당의 횡포를 제거한 주역이 되었다. 그 뒤 대사헌·대제학·이조판서·우의정·좌의정 등을 두루 거친 다음 1572년(선조 5년) 영의정에 올라 약 15년간 재직하였다.

이이(李珥)가 탄핵되었을 때 그를 옹호하다가 도리어 양사(兩司)의 탄핵을 받고 스스로 관직에서 물러나 영평(永平) 백운산(白雲山)에 암자를 짓고 은거하였다.

일찍이 서경덕(徐敬德)에게 학문을 배워 성리학에 박통하고, 특히 『주역』에 연구가 깊었고, 문장이 뛰어나고 글씨를 잘 썼으며, 시에 더욱 능하여 당시(唐詩) 원화(元和)의 정통을 이었다. 중년에 이황(李滉)을 사사(師事)하였고, 만년에 이이 성혼(成渾)과 깊이 사귀어 '이 세 사람은 용모는 달라도 마음은 하나이다.'라고 할 정도였으며, 동향의 기대승(奇大升)과도 교분이 두터웠다.

나주 월정서원(月井書院), 개성 화곡서원(華谷書院), 영평(永平) 옥병서원(玉屛書院)에 제향되었고, 저서로는 『사암집』 7권이 있다. 시호는 문충(文忠)이다.

청계 양대박(靑溪 梁大樸, 1544~1592)

조선 중기의 의병장. 본관은 남원(南原). 자는 사진(士眞), 호는 송암(松巖)·죽암(竹巖)·하곡(荷谷)·청계도인(靑溪道人).

1592년(선조 25년) 4월 임진왜란이 일어나자, 학관(學官)으로서 아들 경우(敬遇)와 가동(家僮) 50명으로 의병을 일으켰다. 같은 해 6월 고경명(高敬命)이 담양에서 의병을 일으키자, 고경명을 맹주로 추대하고 유학(幼學) 유팽로(柳彭老)와 함께 종사관(從事官)으로 활약하였다. 같은 달 7일 정군(整軍)하고, 8일 출사(出師)하자 그는 전주로 가서 의병 2,000명을 모집하기도 하였다. 이때의 과로로 발병하여 진산(珍山)의 진중에서 죽었다.

1786년(정조 10년) 10월 전라도 진사 이진희(李鎭熙) 등의 상언(上言)에 의하여 병조참의로 추증되었으며, 1796년 9월 보국숭록대부 판중추부사 겸 병조판서(輔國崇祿大夫判中樞府事兼兵曹判書)로 개증(改贈)되었다. 저서로는 『청계집(靑溪集)』이 있다. 시호는 충장(忠壯)이다.

급고 이홍남(汲古 李洪男, 1515~?)

조선 중기의 문신. 본관은 광주(廣州). 자는 사중(士重), 호는 급고자(汲古子). 자(滋)의 손자로 좌통례(左通禮) 약빙(若氷)의 아들이며, 어머니는 홍언승(洪彦昇)의 딸이다.

1538년(중종 33년) 별시문과에 을과로 급제하여 공조좌랑을 역임하고, 사가독서(賜暇讀書)를 한 뒤 1546년(명종 1년) 중시문과에 병과로 급제하였다. 이듬해 대윤파의 여당을 제거하기 위하여 소윤파 이기(李芑)·정순붕(鄭順朋) 등이 전라도 양재역(良才驛)의 벽서사건을 빌미로 정미사화를 일으킴에 따라 그의 아버지가 대윤파라 하여 사사(賜死)되고, 그도 연좌되어 영월에 유배되었다.

1549년 평소 사이가 좋지 않았던 동생 홍윤(洪胤)이 조정을 비난하는 말을 하자, 동생이 모반을 도모한다고 무고하여 처형당하게 하였다. 이해 동생의 모반을 고발하였다는 공으로 소환되었다가 장단부사로 있을 때 백성을 학대한 죄로 파직되었다. 1561년 공조참의로 다시 기용되었으나 1569년(선조 2년) 동생을 무고한 사실이 분명하여 삭직되었다.

저서로는 『급고유고』가 있다.

석재 윤행임(碩齋 尹行恁, 1762~1801)

조선 후기의 문신. 본관은 남원(南原). 자는 성보(聖甫), 호는 석재(碩齋). 초명은 행임(行任). 용안군(龍安君) 종주(宗柱)의 손주이고, 익찬(翊贊) 염(琰)의 아들이다.

1782년(정조 6년) 별시 문과에 병과로 급제하여 검열·주서를 거쳐, 초계문신(抄啓文臣)으로 선발되어 규장각대교에 임명되었다. 시파(時派)로서 1788년 민치화(閔致和)와 더불어 유언비어를 퍼뜨리며 백성의 재산을 약탈하였다는 벽파(僻派)의 탄핵을 받아 성환에 유배되었다.

이듬해 규장각 직각으로 복직되었으며 1792년 이조참의에 이르렀다. 그해 대사간·이조참의를 거쳐, 이듬해 비변사부제조로 특차되었다가 이조참의로 복직되었으나, 벽파의 공격으로 제학 정민시(鄭民始)와 함께 고양으로 유배되었다.

1794년 유배에서 풀려나와 서유방(徐有防)·이시수(李時秀) 등과 함께 정리사(整理使)가 되었으며, 이조참의로 재차 임명되었으나 황단대향(皇壇大享)의 헌관으로 의빈(儀賓)을 전차(塡差)하였다 하여 파면되었다.

1800년(순조 즉위년) 도승지에 임명되었고, 선혜청제조·관상감제조·이조참판·홍문관제학을 거쳐 실록청이 개국될 때 양관 대제학을 겸하였다. 이해 수렴청정을 하던 정순왕후(貞純王后)가 시파를 추방하기 위하여 일으킨 신유박해로 강진현(지금 완도) 신지도(薪智島)에 유배되었으나 곧 풀려나와 예조판서·전라도관찰사를 역임하였다. 전라도관찰사로 부임한 지 5일 만에 척신 김조순(金祖淳)의 사주를 받은 옥당(玉堂)으로부터 서학을 신봉하였다는 탄핵을 받아 신지도에 안치되었다가 참형 당하였다.

헌종 초에 신원되었고 영의정에 추증되었다. 시호는 문헌(文獻)이다. 저서로는 『신호수필』, 『석재별고』 등이 있다.

5
누정의 역동적 창조성

 정자의 환경은 언어와 마찬가지로 사람들의 감수성을 정의하고 다듬는 힘을 가질 뿐만 아니라, 그것은 사람들의 생각을 예리하고 깊게 다듬고 확장하는 역할도 한다. 이런 정자는 송순이 건립한 면앙정이라는 구체적인 실체를 갖는 것에서 끝나는 것보다는 훨씬 더 고귀한 영역을 나타내는 것이라는 주장에 동의한다.[1]

 아마도 당대 사람들은 이런 정자의 존재만으로도 정자의 주인이나 가문과의 동질성, 또는 일체감을 가지고 자랑스럽게 여겼을 것이다. 뿐만 아니라 그 이전까지 별로 관심을 가지지 않았던 담양이라는 고을에 사람들의 관심을 돌리는 기회를 제공했으며, 이곳에서 제작된 시문은 여러 시인 문사들의 차운(次韻)을 가속시켜 훌륭한 문학작품의 창작을 추동했음이 분명하다.

---

1 이-푸 투안, 『공간과 장소』, 도서출판 대윤, 1995. 175, 191쪽.

문학지리학적 관점에서 바라볼 때 송순의 면앙정 정자에 나타난 경관은 작품 생산의 배경이 될 뿐만 아니라, 그 경계를 자꾸 넓혀가 곳곳에 면앙정과 같은 경관을 창조해 내는 힘을 가졌다는 점에서 그 의의가 적지 않다.[2] 그 결과 자기 고향과 지역에 대한 사랑과 관심, 나아가 지역민과의 동질성을 가지는 데 기여했을 것임은 의심의 여지가 없다.

문학작품의 지리 공간은 진실과 허구, 객관과 주관의 상호 작용의 결과라는 점을 간과하면 곤란하다. 이 말을 부연하면 문학작품의 지리공간은 3개의 측면을 가진다. 하나는 제1공간으로 원형 객관 존재로서의 자연 혹 인문지리 공간이다. 이른바 조선 중기 담양군 봉산면 기촌마을에 있던 면앙정으로, 송순이 세속을 초월했던 공간이다. 다른 하나는 작가의 지리 감지 능력과 지리 상상을 통하여 문학 작품 속에 창조해 낸 심미 공간으로, 자각의 객관과 주관이 결합된 산물인 제2의 공간이다. 바로 임억령, 김인후 등이 「면앙정 30영」으로 창조해 낸 공간이다. 그 공간은 단순히 송순의 「면앙정가」 등을 모방하거나 흠모한 것이 아니다. 시인들의 창조적 공간이다. 마지막으로 제3의 지리 공간은 문학 작품을 읽고 난 후 독자가 만들어낸 공간이다. 독자는 제1공간과 제2공간 그리고 자신의 상상과 연상 등의 결합으로 자기만의 고유한 공간을 만들

---

2 曾大興, 『文學地理學槪論』, 尙務印書館, 2017. 17~245쪽.

면앙정은 송순 외의 일곱 시인에 의하여
산수가 수려한 공간이나 장소를 대변하고,
현실 정치를 떠난 치사객의 강호 자연에서,
시심을 충족하기 위한 창작의 공간으로,
다시 나라를 걱정하고 인류 평화를
고민하여 구상하는 공간 등으로
얼마든지 그 의경(意境)이 확장될 수 있는
길이 개척되었다고 할 수 있겠다.

어 낸다.[3]

　이제 면앙정은 송순 외의 일곱 시인에 의하여 산수가 수려한 공간이나 장소를 대변하고, 현실 정치를 떠난 치사객의 강호 자연에서, 시심을 충족하기 위한 창작의 공간으로, 다시 나라를 걱정하고 인류 평화를 고민하여 구상하는 공간 등으로 얼마든지 그 의경(意境)이 확장될 수 있는 길이 개척되었다고 할 수 있겠다.

　면앙정을 노래한 시들을 아름답다고 한다면, 우리들 각자의 경험적인 삶의 집적체인 무엇에 대립되는 '보편적인 상상력'이 우리들 각자의 내부에 존재하기 때문일 것이다. 상상력의 보편적인 궁극성은 '원형'이라고 부를 수 있는데, 그것 때문에 우리는 나 아닌 다른 사람의 상상력으로 만든 이미지를 보고서도 아름답다고 느끼는 것이다.[4] 이러한 시적 이미지에서 느끼는 아름다움이나 감동은 그 이미지가 나타나게 된 과거 내력보다는, 상상 가운데서 그것이 내 눈앞에서 창조적으로 변해가는 모습 그 자체의 묘사에 있다는, 바슐라르의 '이미지의 현상학'은 이럴 때 어울리는 말일 것 같다.

　이제 도회지의 번잡함과 삭막함을 벗어나 한번쯤은 무한한 심미적 공간, 감성의 보물창고, 시심의 고향인 면앙정으로 발길을 돌려볼 차례이다. 가을이 올 때면 들녘의 넉넉한 만큼이나 감성의 충만을 위하여 면앙정에 올라보자.

---

3 증대홍, 앞의 책, 306~318쪽.
4 가스통 바슐라르, 『공간의 시학』, 동문선, 2003, 10~15쪽.

참고문헌

가스통 바슐라르, 『공간의 시학』, 동문선, 2003. 10~15쪽.
이-푸 투안, 『공간과 장소』, 도서출판 대윤, 1995. 175, 191쪽.
曾大興, 『文學地理學槪論』, 尙務印書館, 2017. 17~245쪽, 306~318쪽.

여행 길잡이

우러르고 내려다보는 것도
감당하기 어려워라, 면앙정

담양 봉산면의 제월봉 자락이 마지막으로 용트림을 하는 언덕, 마치 거북이가 고개를 내민 듯 쑤욱 빠져나와 있는 곳에 면앙정이 있다. 비 그치고 먼지도 없어 맑게 뜨는 달, 그 제월의 산마루턱에 비 그친 후 서 있으면 「면앙정기」를 쓴 고봉 기대승의 말이 떠오른다. "기암괴석이 높이 솟아 있는 산은 용구산이요, 발돋움하여 우뚝 서 있는 산은 몽성산이며 옹암, 금성, 용천, 추월, 백암, 불대, 수록, 용진, 어등, 금성 등이 어울려 마치 곡식창고와도 같고, 성곽이나 병풍 같기도 하고 언덕이나 누워 있는 소나 말의 귀와도 같다"는 것이 실감이 난다. 면앙정이 있는 언덕에서 애써 우러러보지 않아도, 그냥 고개만 돌려 수평으로 바라보아도 한눈에 들어오는 풍경이 그렇다. 면앙정을 에워싼 원경이 마치 병풍처럼 보이는 것에서 천혜의 입지 조건을 느낄 수 있다.

이 근동에서 낳고 자란 송순인지라 일찍이 좋은 자리를 알아보

앉을까. 면앙정이 있는 자리는 원래 곽씨가 소유하고 있었는데, 어느 날 곽씨가 금과 옥으로 어대를 찬 선비들이 이곳에 모여 있는 꿈을 꾸고 난 뒤 그 자제를 출세시키기 위해 노력했으나 뜻대로 되지 않아 송순에게 이 땅을 팔게 되었다고 한다.

그런데 이 꿈은 면앙정 송순에게서 실현이 된다. 그가 관직에서 물러나 이곳에 은거하면 사방팔방의 선비와 벼슬아치들이 찾아왔고, 과거급제한 지 60주년이 되는 해인 1579년 이곳에서 제봉 고경명, 백호 임제, 송강 정철 등 기라성 같은 제자들이 회방연이 끝난 후 스승을 가마에 태워 집으로 모신 일이 있었다. 임금도 양반이 태운 가마를 타 본 일이 없을 터인데 사대부가 태운 가마를 탔으니, 곽씨의 상서로운 꿈은 면앙정 송순을 위한 대몽이 아닌가 싶다.

이러한 아름다운 일화는 정조가 1798년 호남을 위한 별시에서, 면앙정에서 스승을 가마에 태운 일에 대해 쓰라고 한 과제(본문 148p, 현판 「어제(御製)」 참조)에서 더욱 빛나게 된다. 오랜 세월을 관직에 있었고 커다란 사화의 틈바구니에 있었지만, 송순은 철저하게 스스로를 수양하며 관용의 삶을 살았다. 그래서 그는 계파를 초월하여 많은 이들의 공경을 받았다.

면앙정 송순의 삶은 어렸을 적부터 도드라졌다. 3살에 글을 읽었으며, 9살에는 새를 가지고 놀다가 죽게 되니 「곡조문」이라는 시를 지었다고 한다. "네가 나 때문에 죽었으니 이를 슬퍼하노라" 하는. 그러한지라 백성을 생각하는 마음도 남달랐다. 「전가원」이

라는 시는 '농가의 원한'이라는 뜻으로, 지난해 곡식도 다 떨어졌는데 득달같이 달려들어 세금을 뜯어가려 아이까지 형틀로 데려가는 참담한 상황을 이야기하고 있다. 거기에 「문인가곡」 즉, '이웃집의 곡소리를 듣고'라는 시 또한 위정자들의 가렴주구에 착취당하는 할머니의 비애를 담고 있다. 「탁목탄」이라는 시는 딱따구리가 나무를 파대는 것을 백성을 수탈하는 관리들에 빗대어 이야기하고 있다.

이러한 시들을 보면, 송순은 곧고 강직하며, 백성들을 사랑하는 애민으로 가득 찼고, 정감이 넘치는 대인군자였음을 알 수 있다.

면앙정에 오르면 이러한 그의 삶이 떠오른다. 29세에 땅을 얻어 41살에 초가 정자를 짓고, 다시 무너진 것을 62세에서 65세 사이에 다시 지어 머물다가 관직에 나가 77세에 돌아와 90세까지 14년을 지냈다. 수많은 명현들이 이곳을 찾아 그의 생을 찬미하고, 주변 경관을 노래했으며, 그 자신도 가사문학의 백미라 할 「면앙정가」를 이곳에서 지었다. 하늘을 우러르고 땅을 굽어본다는 것은 무엇인가. 그것은 우주의 중심으로서 스스로를 되돌아본다는 뜻에 다름 아니리라.

면앙정의 상수리나무는 송순이 이 정자를 지으면서 심었다고 한다. 정자의 정면에 자리한 커다란 상수리나무는 이곳을 찾는 사람들을 바라보는 우주목처럼 느껴진다. 늦가을이면 이곳의 굴참나무, 떡갈나무 같은 상수리나무의 이파리들이 마치 양탄자처럼 푹신한 발걸음을 선사해준다. 비 갠 날은 또 어떠한가. 사위를 에워싼 산자락의 구름이 산수화처럼 펼쳐진다.

누구라서 그 공간을 자신의 인위 속에 구겨 넣을 수 있으랴. 송순이「면앙정가 삼언」에서 "강산은 둘러두고 보리라"라고 노래한 '차경'의 의미가 새록새록 살아나는 순간이다. 그뿐인가. 조선말 귀양에서 해배된 강화학파의 영재 이건창은 면앙정을 지나면서 노래했다. 스승다운 스승, 참된 사표의 지향점은 무엇인가. "누가 내 가마를 메어주고, 나는 또 누굴 메어줄꼬?"(「면앙정」)

여행팁

면앙정은 이른 봄 개나리와 진달래가 피어날 때와 여름날 한바탕 비가 거쳐 간 다음에 가는 것이 좋다. 그리고 늦은 가을 참나무의 낙엽 뒤에 가면 구름 속을 거니는 기분이 든다. 그런 뒤 정면의 참나무를 우러르고, 정자에 올라 송순의 삼언시를 보고, 제봉 고경명의 면앙정 30영이란 시를 보며 옛 경관을 찾아보자. 정조대왕의 어제시가 걸려 있는 편액도 함께 보아야 한다. 면앙정의 화두는 자연이지만, 그 자연 안에 갇혀 있는 사람살이는 이웃과의 관계, 참된 스승을 만나는 것임을 면앙정이 일러 줄 것이다.

면앙정 俛仰亭
현판

면앙정 _{굽어볼 면俛, 우러를 앙仰, 정자 정亭}

면앙정은 맹자(孟子) 「진심(盡心)」장의 '군자삼락(君子三樂)' 중에 "하늘을 우러러 부끄러움이 없고, 땅을 굽어보아도 부끄러울 것이 없다 [仰不愧於天 俯不怍於人]"는 글과 『예기(禮記)』 "부앙정에서 노래를 부르며 매일 힘쓴다[俛仰亭歌 日有孶孶]"라는 구절에서 비롯되었다.

현판 글씨는 조선 중기의 우계(牛溪) 성혼(成渾, 1535~1598)의 부친인 청송(聽松) 성수침(成守琛, 1498~1564)의 글씨이다.

숙이면 땅이요	俛有地
우러르면 하늘이라	仰有天
그 가운데 정자를 앉혔으니	亭其中
호연지기 흥취가 이는 구나	興浩然
바람과 달을 초대하자	招風月
산과 시내도 불러오자	揖山川
지팡이 짚었다만	扶藜杖
한 백년은 끄떡없다	送百年

삼십영(임억령)[1]
三十詠

추월산의 푸른 절벽 추월취벽   秋月翠壁

희디 흰 연꽃 갓 피어난 듯	皎皎蓮初出
푸르른 먹물이 마르지 않은 듯	蒼蒼墨未乾
맑은 빛 멀리멀리 보내려 하니	淸光思遠贈
나는 새도 이곳을 지나치기 어려울 걸	飛鳥度應難

용구산의 저녁구름 용구만운   龍龜晚雲

욕심 있어 일찍이 젓이 되기도 했었고[2]   有欲曾遭醢
영험함 자랑하다 타는 것도 면치 못해[3]   誇靈未免燒
어이해 골짜기에 은거하는 사람처럼[4]   何如丘壑民
오래도록 저 구름 속에 숨어만 있는지   長以野雲韜

몽선산의 푸른 소나무 몽선찬송   夢仙蒼松

세상 밖 삼신산은 멀기도 하지만   世外三山遠
인간 세상에선 꿈으로도 갈 수 있어   人間一夢通
잠을 깨고 나면 너무나 황홀하여   覺來殊怳惚
저물녘 큰 소나무에 기대어 보네   日暮倚長松

불대산의 낙조 불대낙조   佛臺落照

옛 불전에는 오직 불상만 남았고   古殿惟餘佛
생대[5]에도 스님은 보이지 않는다네   生臺未見僧
해마다 낙조 머금고 있는 자태   年年銜落照
법등을 올리는 것과 비슷하여라[6]   彷彿是傳燈

어등산의 저녁비 어등모우　　　　　　魚登暮雨

소낙비 숲 골짜기에 쏟아져 내려	急雨橫林壑
시냇물 바위 모서리까지 잠겼다네	溪流沒石稜
물속에 잠기는 게 참으로 즐거우니	潛波誠可樂
높은 곳에 굳이 오르지 말기를[7]	高處不須登

용진산의 기이한 봉우리 용진기봉　　　　湧珍奇峯

변화는 진기한 옥덩이를 안고 가서	和氏抱奇璞
수고롭게 세 번이나 임금께 바쳤다지[8]	徒勞三獻君
함 속에 깊이 감추니 만 못하나니[9]	不如深韞櫝
공자께서도 그런 말씀 있으셨는데	夫子有云云

금성산의 아득한 안개 금성묘애　　　　　錦城杳靄

넓은 들판 아득하여 분간하기 어려우니	野遠茫難辨
온갖 구름들 흩어져 안개가 되었나	千雲散作霏
저녁 노을은 오색으로 물들어가니	落霞添五色
순임금의 옷이라도 깁고 싶구나[10]	欲補舜裳衣

서석산의 아지랑이 서석청람　　　　　瑞石晴嵐

여윈 뼈대가 우뚝하게 벌려 섰으니　　　瘦骨歸然橫
돌이 변하여 아름다운 옥이 되었네　　　石之次玉者
날이 더우면 정기가 솟아오르니　　　　日蒸精氣升
화창한 날 피어나는 아지랑이 아니런가　非是晴嵐也

금성산성의 옛 자취 금성고적　　　　金城古迹

옛날의 성벽은 다 허물어졌고　　　　　埋沒古城堞
지금은 흐르는 물소리뿐이라네　　　　　至今流水聲
나라에 어려운 일이 없으니　　　　　　聖朝無一事
높고 낮은 땅들에서 밭을 일구네　　　　高下入新耕

옹암의 고고한 모습 옹암고표　　　　瓮巖孤標

하늘이 이미 독을 만들어 놓았는데　　　天今已出甕
땅에서 어찌 샘물이 나지 않겠는가　　　地奚不生泉
태평한 세상에 온화한 기운 넘치니　　　昭代多和氣
관리들도 편하게 잠들 수 있을 거야　　　思爲吏部眠

죽곡의 맑은 바람 죽곡청풍 竹谷淸風

듣자 하니 고죽 임금의 두 아들이[11] 傳聞孤竹子
서산 골에서 굶주려 죽었다지[12] 餓死西山谷
진실로 성인으로서 청렴결백하여 眞箇聖之淸
사람들을 크게 감동하게 하는구나[13] 使人膚起粟

넓은 들에 개인 눈 평교제설 平郊霽雪

하늘을 나는 옥룡의 비늘이 天上玉龍鱗
인간 세상에 흩어져 내려왔나 散落人間世
궁중에선 하례객의 수레 소리 요란할 텐데 北闕賀班催
남산 가난한 집의 사립문은 닫혀 있겠지 南山柴戶閉

먼 나무에 어리는 밥 짓는 연기 원수취연 遠樹炊煙

아득히 보이는 푸른 연기 漠漠蒼煙色
멀리 나무 사이에 서려 있다네 依依遠樹間
농촌에선 괴로움 견디기 어려우나 田家不堪苦
사람들은 이 경치를 그리며 좋아한다네 人作畫圖看

넓은 들판의 황금 나락 광야황도   曠野黃稻

태평한 시대에는 큰 가뭄[14]이 없으니   昭代無湯旱
백성들은 거듭된 풍년을 기뻐한다네   蒼生喜屢豐
앞마을 술집에는 술값도 싸서   前村酒價賤
격양가 부르면서 빈풍시에 화답하네   擊壤和豳風

먼 포구의 모래사장 극포평사   極浦平沙

모래는 가늘기가 체로 친 듯하고   沙色細如篩
달빛은 강 위로 떠오를 때 더욱 밝아라   月明江上時
간절히 원하건대 저것으로 밥을 지어서   深知蒸作飯
먼 시골 마을 배고픔 한번 위로했으면   一慰遠村飢

대추리 나무꾼의 노랫소리 대추초가   大秋樵歌

스스로 수고로운 일이라 말하면서도   自是陳勞事
태평가를 부를 줄 어찌 알리오   安知詠太平
누가 이 노래 화답할 수 있을까   誰能和此曲
숲에서 꾀꼬리 울면서 화답하네   林下有啼鶯

목산 어부의 피리 소리 목산어적　　　木山漁笛

악보도 없고 곡조도 없건만　　　　　無譜又無調
피리 소리 마치 뻐꾸기 울음 같네　　聲如布穀鳥
놀던 물고기 스스로 놀라 의심하여　遊魚自驚猜
물에 뜬 수초 밑으로 깊이 숨는다네　深入波間藻

석불사의 종소리 석불소종　　　　石佛疏鍾

십 년이나 벼슬하는 선비가 되었을 때　十載爲朝士
종소리 들릴 때면 자다가도 놀랐다네　　聞鍾夢每驚
이제 전원에서 잠을 자려고 하니　　　　如今林下睡
어찌 예전의 그 종소리와 같으리오　　　何似昔年聲

칠천에 돌아온 기러기 칠천귀안　　漆川歸雁

물가 따르는 건[15] 먹이 구함이 아니지만　遵渚非謀稻
입에 문 갈대는[16] 주살 피하기 위함이네　銜蘆爲避矰
남쪽으로 돌아오는 것은 너뿐이 아니니　南歸不獨汝
무엇을 보았는지 말하지 말아다오　　　　莫道見何曾

혈포의 새벽 안개 혈포효무

푸르게 인 시냇가의 안개는
집 모퉁이 아침 햇살 붉게 물들이네
가벼운 바람에도 쉽게 쓸려 갈 터이니
순간의 경치를 못 볼까 걱정이네

穴浦曉霧

蒼起川中霧
紅沈屋角暾
輕風須掃去
短景恐催昏

심통사의 긴 대나무 심통수족

이곳은 일찍부터 사찰[17]이 있었는데
이제는 무성한 대숲 마을 되었다네
뜻이 있어 봉황을 기다렸건만
하릴없이 갈가마귀 떠들며 지저귀네

心通脩竹

曾是給孤園
今爲脩竹村
有心威鳳待
無緖暮鴉喧

산성마을의 이른 화각 소리 산성조각

솔솔 들판에는 바람이 일고
울리는 화각 소리 성루에서 나오네
해변에서 듣던 그 소리[18]와 같아서
늙은이 귀에 들려 수심이 일어나네

山城早角

嫋嫋風吹野
鳴鳴角起樓
海邊聲一槩
老耳不禁愁

두 개울에 비친 가을 달 이천추월   二川秋月

원래 천리를 비춰주기에   由來千里共
두 개울에서만 둥근 모습 아니리라   不獨二川圓
머리 하얗게 된 강호의 나그네   皓首江湖客
난간에 기대어 잠 못 이루네   憑欄自未眠

칠곡의 봄꽃 칠곡춘화   七曲春花

봄의 솜씨 기묘하기만 하여   不是春工巧
상제의 베틀에서 나온 듯하네   由來帝杼機
채색의 비단 같은 장막을 짜내어   織成雲錦幛
멀리 누정 주위까지 둘러쳐 있구나   遙向小亭圍

뒤 숲에 사는 새 후림유조   後林幽鳥

앵무새는 사람 말을 하니 갇혀서 살고   鸚以能言泄
닭은 곡식을 먹으니 살이 쪄 잡아먹히지   鷄緣啄粟烹
너희들은 이제 우거진 숲에 모였으니   而今集於苑
아무쪼록 온전한 삶 보존하며 살거라   嗟爾得全生

맑은 물에서 뛰는 물고기 청파도어　　　　清波跳魚

뛰어오르는 건 물고기가 즐거워서가 아니고　　跳躍非魚樂
사람들은 수달이 쫓는 걸 피하는 거라 하네　　人言避獺驅
어찌하면 저 번개 속의 비를 따라　　　　　　何如隨雨電
만 리 강호에 헤엄쳐 갈 수 있을까　　　　　　萬里泳江湖

모래톱에서 조는 해오라기 사두면로　　　　沙頭眠鷺

까마귀는 밭에서 먹이 쪼고 있는데　　　　　　鳥向田中啄
해오라기는 또 모래 위에 졸고 있구나　　　　渠又沙上蹺
사람들에게 놀라면 멀리 날아서　　　　　　　人驚遠飛去
곧장 푸른 산허리 가로지른다네　　　　　　　直割碧山腰

시냇가의 붉은 여뀌 간곡홍로　　　　　　澗曲紅蓼

가을 강에 석대[19]가 전해졌을까　　　　　　秋江傳石黛
물가의 여뀌는 붉게 물들었네　　　　　　　　水蓼染成紅
그림으로 그려진 끝없는 풍경이　　　　　　　畫出無窮景
알겠구나 상제의 붓 솜씨임을　　　　　　　　方知帝筆工

송림의 오솔길 송림세경 　　　　　松林細逕

낙엽을 어찌하여 쓸어야만 하는지　　　落葉何須掃
푸른 이끼도 없앨 필요 없을 걸　　　　蒼苔不必除
잘사는 집이야 많은 말이 있겠지만　　　高門萬馬散
오솔길 지팡이 하나로 천천히 걷는다네　幽逕一筇徐

앞 시내의 작은 다리 전계소교 　　　前溪小橋

저기 앞쪽 멀리 시냇가 위로　　　渺渺前溪上
한 일자로 걸쳐 있는 다리가 보이네　看如一字橫
노인네여 가볍게 건너려 마오　　　村翁莫輕走
실족하여 넘어질까 두려우니까　　　失足恐欹傾

임석천 林石川[20]

---

1 현재 임억령, 김인후, 박순, 고경명 등의 면앙정 30영이 남아 있다.
2 욕심 … 했었고 : 용구산(龍龜山)이라는 명칭에서 용에 관한 이야기이다. 젓갈 담겨졌다(遭醢)는 말은 유루(劉累)라는 사람이 환룡씨(豢龍氏)에게 용 기르는 법을 배워 하(夏)나라 14대 임금인 공갑(孔甲)을 섬겼는데, 기르던 용이 죽자 유루는 몰래 용을 소금에 절여 공갑에게 먹였다는 것을 말한다. 『춘추좌씨전 소공29년(春秋左氏傳 昭公29年)』
3 영험함 … 못해 : 용구산(龍龜山) 명칭에 있는 거북[龜]에서 시상을 전개한 것이다. 중국 은나라 때 거북의 껍데기를 불에 태워 균열 상태로 국가의 대사를 점쳤던 것을 뜻한다.
4 어이해 … 사람들처럼 : 구학(丘壑)은 일구일학(一丘一壑)의 준말로, 은거지(隱居地)를 말한다. 여기서는 용구산이 구름에 가려 모습을 드러내지 않음을 비유한 것이다.

5 생대(生臺) : 불교(佛敎)의 용어로, 선사(禪舍)에서 여러 스님의 생반(生飯, 선종에서 언제나 밥을 먹을 때에 밥을 조금씩 떼어 광야귀[曠野鬼] 등에게 주는 밥)을 모아 새나 짐승에게 주는 대(臺)이다.
6 불법을 … 같구나 : 전등(傳燈)은 불법의 등불을 전한다는 말로, 법맥을 받아 전하는 것을 이르는 말이다. 여기서는 불대산의 낙조가 법맥을 전하는 등불을 올리는 것과 같다는 의미이다.
7 높은 … 없다네: "고기가 산에 오른다[魚登山]"는 산 이름을 바탕으로 시상을 전개한 작품이다.
8 수고롭게 … 바쳤다네 : 춘추 시대 초나라 사람 변화(卞和)가 진귀한 옥돌을 초왕(楚王)에게 바쳤다가 임금을 속인다는 누명을 쓰고 두 차례나 발이 잘렸으나, 세 번째 가서야 왕에게 진가를 인정받고서 천하 제일의 보배인 화씨벽(和氏璧)을 만들게 되었다는 고사가 전한다. 『한비자 화씨(韓非子 和氏)』
9 함 속의 … 못함은 : 공자(孔子)의 제자 자공(子貢)이 "아름다운 옥이 여기에 있는데, 궤에 담아서 감춰 둘 것입니까, 아니면 좋은 값을 받고 팔 것입니까?"라고 묻자, 공자가 "팔아야지, 팔아야지. 그러나 나는 좋은 값을 기다리는 사람이다."라고 말한 고사가 전한다. 『논어 자한(論語 子罕)』 여기서는 봉우리를 감춰야 할 정도로 아름답다는 사실을 비유적으로 표현한 것이다.
10 성상의 … 하려나 : 오색실은 옛날 천자(天子)의 곤룡포(袞龍袍)를 짓는 데 썼던 것이다. 두목(杜牧)의 「군재독작(郡齋獨酌)」에, "평생에 오색실을 가지고, 순 임금 의상 기워보기가 원이로다."라는 말이 있다. 여기서는 성상의 의상이라 번역하였다.
11 듣자하니 … 두 아들이 : 고죽국(孤竹國)은 백이와 숙제가 왕위를 버리고 떠났던 나라 이름이다. 백이와 숙제는 고죽국의 왕자들이었다.
12 서산 … 죽었다지 : 서산은 수양산(首陽山)을 가리키니, 백이(伯夷)와 숙제(叔齊)는 여기에서 주나라 곡식을 먹지 않고 고사리만 뜯어 먹다가 죽었다.
13 사람들을 … 하는구나 : 살갗에 좁쌀이 일어난다는 것[膚起粟]은 소름이 돋는다는 의미인데, 여기서는 사람들을 놀랜다는 의미로 번역했다.
14 큰 가뭄[湯旱] : 중국의 탕 임금 때에 대한(大旱)이 7년이나 계속되었다 하여 탕한(湯旱)이라 한다.
15 물가 따르는[遵渚] : 『시경』「구역(九罭)」에 "기러기가 날아감에 물가를 따라 간다."라는 표현이 있다.
16 입에 문 갈대[銜蘆] : 기러기가 일종의 자위본능(自衛本能)으로 입에 갈대를 물고 날아가는 것을 뜻한다.
17 사찰[給孤園] : 급고원(給孤園)은 중인도(中印度) 교살라국(憍薩羅國) 사위성(舍衛城) 남쪽에 있는 승원(僧園)을 말한다. 여기서는 사찰이라고 번역했다.
18 해변에서 듣던 그 소리[海邊聲] : 석천의 고향은 남쪽 바닷가에 위치한 해남이고, 이로 미루어 왜구의 침입을 알릴 때 불던 뿔피리 소리를 의미한 것이다.
19 석대(石黛) : 고대인의 눈썹을 그리는 염료로 청흑색 광석이다. 여기서는 여귀의 붉은빛이 물에 비침을 말한다.
20 석천(石川) : 임억령(林億齡, 1496~1568)의 호. 본관은 선산(善山), 자는 대수(大樹), 호는 석천(石川)으로, 박상(朴祥)의 문인이다. 1525년 식년문과에 병과로 급제하여 관직에 나아갔다. 저서로 『석천시집』, 『석천집』이 있다.

초연히 신선되는 걸 누가 어렵다 했나   超然羽化孰云難
봉래산 제일봉에 자리 잡고 누웠다네   得臥蓬萊第一巒
발아래 산천은 흩어져서 멀고 먼 데   脚下山川紛渺渺
넓고 넓은 천지는 눈앞에 탁 트였네   眼前天地灝漫漫
구만 리 나는 붕새는 오히려 좁다 하며   鵬搏九萬猶嫌窄
삼천 리 박찬 물이 바로 마르길 바라네[21] 水擊三千直待乾
찬바람 쐬고자 구름 밖에 나갔더니   欲御冷風雲外去
허리춤의 별들이 난간처럼 둘러 있네   腰間星斗帶闌干

숲에 떨어진 붉은 잎 푸른 시내로 흘러   丹葉辭林下碧川
저녁 바람 비를 몰아 섬돌 앞을 스쳐가네 挽風吹雨過階前
올망졸망 먼 산은 눈에 보일 듯 사라지고 遠山細入眉間沒
평평하게 넓은 들판 아름답게 이어졌구나 大野平從掌上連
시야 확 트였으니 어느 곳에 달빛 없을까 眼豁何方無好月
이 밤 맑은 강물에 조금의 안개도 없어라 河明茲夕絕纖烟
이런 기막힌 광경을 그 누가 그렸을 거나 蒼茫光景誰堪畫

도연명 사령운 시에나 처음 전하였을 거야	陶謝詩中始得傳

명아주 지팡이에 솔숲이라 발걸음 그윽하여	藜杖松陰步步幽
유건 젖힌 채 옥계 가에 멍하니 앉았다네	岸巾徒倚玉溪頭
처마를 돌아드는 해는 먼 하늘을 다니고	巡簷白日行天遠
평상 마주한 저 청산 촘촘히 들판을 둘렀네	對榻靑山護野稠
바람은 주점 연기를 끌어 먼 숲으로 지나가고	風引店烟遙度樹
구름은 포구에 비를 뿌리며 가을기운 보내네	雲將浦雨細隨秋
이곳에 오르는 날이면 흥취가 무한하거니	登臨自取無邊興
속세의 자질구레한 근심 어이 생각나리오	肯着人間段段愁

면앙　俛仰

차운하다
次韻

대숲 깊은 곳에 그윽한 초정이	竹林深處草亭幽
백 척 높다란 언덕에 우뚝 섰구나	百尺危臨斷壟頭
물이 차 가득할 땐 평평한 들과 같고	積水滿時平野合
저문 구름 걷히자 뭇 봉우리 드러나	暮雲歸後亂峯稠
가까운 금성은 온 숲에 비를 뿌리고	錦城近送千林雨

먼 무등은 가을 물든 모습이네 그려 　　無等遙分一片秋
꿈속에선 늘 대궐 일에 놀라지만 　　魂夢每驚淸禁漏
고향 원학들은 걱정 안 해도 되리라[22] 　　故山猿鶴未應愁

　　　　　　　　　　　　양곡 소세양[23] 陽谷 蘇世讓

---

21 구만리 … 바라네 : 원대한 뜻을 품었다는 말이다. 『장자』「소요유(逍遙遊)」에 "붕새가 남쪽 바다로 날아갈 때는 물결이 3천 리나 일고 회오리바람을 타고 9만 리나 날아오른 뒤에야 6월의 대풍을 타고 남쪽으로 날아간다."라고 하였다.
22 고향 … 되리라 : 본문의 화자는 절대 고산을 떠나지 않을 것임을 의미한다. 원숭이와 학이 시름한다는 것은, 공치규(孔稚圭)가 북산에 은거하다가 변절하여 벼슬길에 나간 주옹(周顒)을 몹시 책망하였다는 「북산이문(北山移文)」에 나오는 말이다.
23 소세양(蘇世讓, 1486~1562) : 본관은 진주(晋州). 자는 언겸(彦謙), 호는 양곡(陽谷) 퇴재(退齋) 퇴휴당(退休堂)이다.

높고 낮은 일곱 구비 두 강[24] 맞닿았고　　　七曲高低控二川
멀리 전방에는 셀 수 없는 푸른 산까지　　　翠鬟無數迴排前
처마 두른 일월은 배회하듯이 지나가고　　　縈簷日月徘徊過
여기 주변 영주산[25]이 멀리 이어졌구나　　　匝域瀛壺縹緲連
옛적 촌로[26]의 꿈은 허사가 돼버렸지만　　　村老夢徵虛宿昔
사군이 건축 도와 경치까지 감상하는데[27]　使君資築償風煙
이 누정의 즐거움 사람들이 알고자 하니　　　傍人欲識亭中樂
고상한 기상[28]은 특별히 전해야 하리라　　　光霽應須別有傳

길을 나서니 무성한 송죽 그윽하고　　　松竹蕭槮出逕幽
한 누정이 일천 봉우리 마주하네　　　一亭臨望岫千頭
넓은 산천 그림처럼 은은히 비치고　　　畵圖隱映川原曠
푸른 초원 희미하고 수목은 우거졌네　　萍薺依俙樹木稠
신선이 유배온 날 꿈처럼 생각나니[29]　夢裏關心遷謫日

시 읊으며 가을날 즐기기도 하였네 吟邊思樂撫摩秋
언제쯤에 면앙의 뜻 진정 따르면서 何時俛仰眞隨意
일상의 소소한 근심을 씻어 보려나 洗却從來局促愁

퇴계[30] 退溪

누에 머리 같이 솟아 너른 시내 압도하니 蠶頭斗起壓平川
앉은 자리에서 한눈에 보이는 경치로다 一望風雲几席前
봄꽃 한창이라 붉은빛 어지러이 비추고 春半雜花紅亂映
깊은 가을 뭇 봉우리도 줄지어 푸르네 秋深列岫翠相連
차가운 소나무는 천년 빛깔 버리지 않고 寒松不廢千年色
향그런 풀은 삼월의 안개를 머금고 있네 芳草渾凝三月煙
농사일 물어보려 시골 노인 맞이해 놓고 問却桑麻邀野老
기분 좋게 다시 두어 잔 술을 건넨다네 怡然時復數觴傳

가까운 사람들 뒤따라 주인과 길손[31] 모이니 內杖追隨會二難
산을 낀 채 높고 탁 트인 작은 누정이라 小亭高爽帶林巒
바람은 산사의 새벽 종소리 멀리 실어가고 風傳曉寺鍾聲遠
구름은 기러기 나는 먼 허공까지 떠 있어라 雲接長空雁路漫
저물녘 좋은 달이 뜨니 저 산 더 고요하고 好月臨昏山更靜
새벽녘 대숲 흔들리며 이슬 먼저 마른다 疏篁搖曙露先乾

| 느긋함 속에 그 정취 호젓하게 차지해 보니 | 蕭然自占閑中趣 |
| 만사가 유구하여 내가 상관할 건 아니구나 | 萬事悠悠莫我干 |

하서[32] 河西

---

24 일곱 … 강 : 칠곡은 제월봉으로부터 면앙정 기슭에 이르기까지 산이 일곱 구비임을 말하고, 두 시내는 백탄(白灘, 백진강으로도 불리며 담양읍을 지나난 영산강 본류임)과 여계(餘溪, 오례천)를 말한다.
25 영주산(瀛洲山) : 모양이 마치 술병과 같이 생겨서 영호(瀛壺)라 한다. 여기서는 면앙정 주변 산을 비유한 것이다.
26 촌노의 꿈[村老夢] : 옛날 이 동네에 곽씨 성을 가진 이가 살고 있었는데 꿈에 금의옥대(錦衣玉帶)를 한 선비들이 그 위에 놀기에 그 집이 흥할 징조라 생각하였다. 그러나 아무런 영험이 없어 송순에게 팔았다 한다.
27 사군이 … 도와 : 사군(使君)은 옛날 주(州) 군(郡)의 최고 관원에 대한 존칭이다. 여기서는 이 누정을 지을 때 담양부사 오겸(吳謙, 1496~1582)이 재물을 보조한 사실을 표현했다. 오겸은 1550년에서 1551년까지 담양부사를 역임했다.
28 고상한 기상[光霽] : 광제(光霽)는 황정견(黃庭堅)의 「염계시서(濂溪詩序)」에 "용릉의 주무숙은 인품이 매우 고상하여 가슴속이 깨끗해서 마치 온화한 바람과 맑은 달빛 같다."라고 한 데서 나온 말이다.
29 신선이 … 생각나니 : 송순은 1552년에 이황이 있던 선산 부사를 지냈다. 이를 신선이 유배를 왔다고 표현하였다.
30 퇴계(退溪) : 이황(李滉, 1501~1570)의 호이다. 본관은 진보(眞寶), 자는 경호(景浩), 호는 퇴계(退溪) 퇴도(退陶) 도수(陶叟)이다. 조선중기 대표적인 성리학자이다.
31 주인과 길손[二難] : 현주(賢主)와 가빈(嘉賓)을 말한다. 어진 주인과 좋은 손을 둘 다 얻기 어렵다는 말이다.
32 하서(河西) : 김인후(金麟厚, 1510~1560)의 호이다. 본관은 울산(蔚山), 자는 후지(厚之), 호는 담재(湛齋)이다. 저서로는 『하서집(河西集)』과 편서 『주역관상편(周易觀象篇)』, 「서명사천도(西銘事天圖)」, 『백련초해(百聯抄解)』 등이 있다.

주인에게 주다

贈主人

누정 이름은 무슨 뜻이려나	亭號緣何意
천지간 떠도는 인생이란 게지	浮生俛仰間
앞에는 너른 땅이 열려 있고	前開萬馬地
멀리 몇몇 고을 산도 마주하니	遙挹幾州山
넓기는 형언하기 참으로 어려워	莽闊眞難狀
노닐다 돌아가지도 못 했구려	逍遙定不還
전하노니 담양 노인들이여	寄言府中老
잠시라도 한가해지시길	須借片時閑

갑신년(1764)33 8월 甲申35 八月日

부사 임광필[34]

府使林光弼

---

[33] 갑신년(1764) : 당시 임광필(林光弼)이 담양 부사(재임 1728~1730)를 지낸 기간에 근거, 1728년(戊申)으로 봄이 타당하다.
[34] 임광필(林光弼, 1682~1743) : 본관은 평택(平澤), 자는 중랑(仲郞), 호는 청오헌(聽悟軒)이다. 문학으로 이름이 높았으며, 사후에 담양의 구산사(龜山祠)에 배향되었다.
[35] 갑신(甲申) : 현판의 '갑신(甲申)'은 『면앙집(俛仰集)』에는 '무신(戊申)'으로 기재되어 있다.

어제[36]

御製

교정에 참여했던 호남유생들에게 응제(應製)를 보인 시제(試題)

정종대왕[37] 22년 무오년(1798) 광주에서 도과(道科)[38] 설치를 명하였다. 당시 목사는 서영수(徐瀅修)[39]였다.

---

36 어제(御製) 부분은 한국고전번역원 사이트에 DB화 된 내용과 차이가 많지만, 여기에서는 현판에 실린 내용을 그대로 옮겨서 탈초, 번역했다.
37 정종대왕(正宗大王) : 재위 1776~1800. 조선의 제 22대 임금이다. 그의 사후 시호는 정종(正宗)이었으나, 1899년 대한제국의 고종에 의해서 정조로 바뀌었다.
38 도과(道科) : 조선 시대, 각 도의 감사(監司)에게 명하여 그 도에서 실시하던 특별한 과거이다.
39 서영수(徐瀅修, 1749~1824) : 본관은 달성(達城), 자는 유청(幼淸), 혹은 여림(汝琳), 호는 명고(明皐)이다. 1783년 증광문과에 을과로 급제하였다. 광주목사와 영변부사 등을 지냈다.

시제 : '하여면앙정(荷輿俛仰亭, 면앙정 송순을 가마에 태웠던 일)'

해(解)에 『담양부지』에서 다음과 같이 말했다. "송순의 아호는 기촌(企村), 스물에 과거에 급제하였으며, 문장은 당세에 표준이요, 세상의 으뜸이었다. 네 분 임금을 섬기고 관직에서 은퇴하여 고향 땅 언덕 위에 누정을 지어 이름을 '면앙정'이라 하였으니, 대개 우주를 굽어보고 우러러 살펴본다는 뜻이다. 그가 임금을 사랑했던 충성심은 많은 시구에 나타나 있다. 그가 급제한 지 60주년에 면앙정 위에서 잔치를 벌였으니 마치 처음 은혜를 베풀 때[新恩, 문과에 새로 급제한 사람]처럼 해서 온 전라도가 떠들썩하였다. 주연이 한창일 무렵 수찬(修撰) 정철(鄭澈)[40]이 말하길 '우리 모두가 이 어른을 위해 가마를 메는 것이 좋겠다.'라고 하여 드디어 헌납 고경명, 교리 기대승[41], 정언 임제[42] 등이 죽여를 메고 내려왔다. 이에 읍재와 사방에서 모여든 자들이 뒤를 따르니 사람들이 다 감탄하며 영

---

40 정철(鄭澈, 1536~1593) : 본관은 연일(延日), 자는 계함(季涵), 호는 송강(松江)이며, 돈녕부판관 유침(惟沈)의 아들이다. 저서로는 『송강집(松江集)』과 『송강가사』가 있다. 필사본으로는 『송강별집추록유사(松江別集追錄遺詞)』와 『문청공유사(文淸公遺詞)』 등이 있다.
41 기대승(奇大升) : 면앙 송순이 과거에 급제한 해가 1519년이니 '면앙하여'의 일은 1579년에 있었다. 고봉 기대승은 1572년에 작고했으므로, 여기에는 착오가 있는 듯하다.
42 임제(林悌, 1549~1587) : 본관은 나주, 자는 자순(子順), 호는 백호(白湖)·겸재(謙齋)·풍강(楓江)·소치(嘯痴)이다. 1577년 문과에 급제, 예조 정랑(禮曹正郎)을 지냈으나 당시 동서분당(東西分黨)으로 다투는 것을 개탄, 명산을 찾아다니면서 많은 한시를 비롯하여 시조와 『수성지(愁城志)』와 『화사(花史)』 등의 소설을 남겼다.

광으로 여겼다. 이는 실로 옛날에도 없었던 성대한 일이었다."

부(賦) : 장군수(將軍樹)

해에 『전주부지(全州府誌)』에서 다음과 같이 말했다. "발산(鉢山)의 남쪽에 장군나무(將軍樹)가 있었는데 목조(穆祖)[43]께서 어려서 놀 때에 여러 아이들이 큰 나무 아래에 모여서 군영의 진을 익혀 당시 사람이 그 나무를 '장군수' 라고 불렀다."

전(箋) : 본조 군신들이 주나라에서 후직을 제사하는 예로 조경묘를 세움을 하례하는 것으로 의작하라.

시의(詩義) : 내가 너의 거처를 도모함이 남토와 같은 곳이 없도다.

해는 『시경』「대아·숭고」편에 보인다.

책(策) : 왕이 다음과 같이 말했다. "호남 지역은 우리 조선의 왕이 일어난 지역이니 조경묘를 세움은 태(邰) 나라에 나아가 집을 정하는 것과 같다"[44]라고 하였다.

---

43 목조(穆祖, ?~1274) : 조선 태조 이성계(李成桂)의 고조부. 본관은 전주(全州). 이름은 안사(安社). 비는 천우위장사(千牛衛長史) 이숙(李肅)의 딸 공효왕후(恭孝王后 : 추존)이다. 1394년 태조가 4대조를 추존할 때, 덕을 베풀고 의로써 행했다 하여 목조로 추존하였다.
44 태 나라에 … 같다 : 『시경』「생민(生民)」에서 후직(后稷)을 기리면서 하는 말이다. "태 나라에 나아가 집을 정하시니라."라고 하였다.
45 윤철(允喆) : 송윤철(宋允喆, 1756~1828). 자는 중길(仲吉)이다.

이해 7월 7일이다. 면앙 8대손 윤철(允喆)[45]은 호남에 들어온 권문세족이다. 도에서 초계문신으로 천거하는 계를 올리니, 성상이 무신 겸 선전관에 특별하게 제수하시고, 인견하여 입시할 때에 친히 면앙정을 묻는 등 성상의 교지가 지성스럽게 거듭되고 은혜롭게 돌봐주심이 융성하였다.

숭정 197년 갑신년(1824) 8월 일에 걸다.

湖南校準儒生應製試題.
正宗大王 二十二年 戊午 命設道科于光州, 時牧使 徐瑩修.

詩 荷輿俛仰亭.
解潭陽府誌日:"宋純號企村, 二十登第, 文章標望, 爲世所宗. 歷事四朝 退老林下, 作亭家園岸上, 名曰'俛仰亭', 蓋俛仰宇宙之意也. 其愛君之誠, 多形於篇詠. 登第周甲日, 設宴于俛仰亭上, 如新恩時, 一道聳觀. 酒半修撰鄭澈曰,'吾儕爲此老荷竹輿可乎?' 遂與獻納高敬命, 校理奇大升, 正言林悌, 掖上扶輿而下. 邑宰及四隣來會者隨之, 人皆嗟歎而榮之. 此實前古所未有之盛事也."

賦 將軍樹

解 全州府誌曰: "將軍樹在鉢山南, 穆祖爲兒嬉戲, 聚群童習陣法於大樹下, 時人名其樹曰將軍樹."

箋 擬本朝群臣賀用周家祀后稷之禮, 建肇慶廟.

詩義 '我圖爾居, 莫如南土.' 解見詩大雅崧高.

策

王若曰: "湖南一路, 卽我朝興王之地也, 建宅肇慶, 有邰之家室也. …"云云.

是年七月初七日, 俛仰八代孫允喆入湖南, 故家世族. 道薦抄啓中, 上特除武臣兼宣傳官, 引見入侍時, 上親問俛仰亭, 聖敎亹亹諄複, 恩眷隆重.

崇禎一百九十七年 甲申八月 日揭

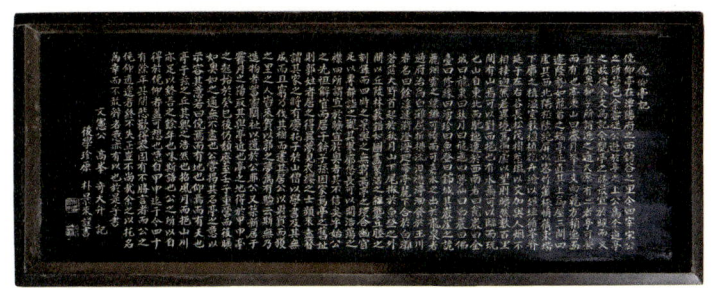

면앙정기
俛仰亭記

면앙정(俛仰亭)은 담양부(潭陽府)의 서쪽 기곡(錡谷) 마을[46]에 있으니, 지금 사재(四宰)로 있는 송공(宋公)이 경영한 것이다. 내 일찍이 송공을 따라 면앙정 위에서 놀았는데, 공은 나에게 누정의 유래를 말하고 나에게 기문을 지어 줄 것을 요구하였다.

내가 누정의 경치를 보니 탁 트인 것이 가장 좋고 또 아늑하여 좋았으니, 유자(柳子)[47]가 말한 "놀기에 적당한 것이 대개 두 가지가 있다."는 것을 이 면앙정이 모두 가졌다고 할 만하다.

---

46 기곡 마을 : 현재 담양군 봉산면 기곡마을 말한다.
47 유자(柳子) : 유종원(柳宗元, 773~819)을 말한다. 자는 자후(子厚), 호는 하동(河東)이다. 장안(長安) 출신으로 당나라의 대표적인 문장가이다.

누정 동쪽의 산은 제월봉(霽月峯)인데, 제월봉의 산자락이 건방(乾方, 북서쪽)을 향하여 조금 아래로 내려가다가 갑자기 높이 솟아서 산세가 마치 용이 머리를 들고 있는 듯하니, 누정은 바로 그 위에 지어져 있다. 집을 세 칸으로 만들고는 사방을 텅 비게 하였는데, 서북 귀퉁이는 매우 가파른 절벽이며, 좌우에는 빽빽한 대나무가 병풍처럼 둘러 있고 나무가 울창하다. 동쪽 뜰아래 탁 트인 곳에는 온실(溫室) 몇 칸을 짓고 온갖 화훼(花卉)를 심어 놓았으며, 낮은 담장을 빙 둘러쳤다.

좌우 골짝으로 이어진 봉우리의 등마루를 따라 내려가면 장송(長松)과 무성한 숲이 영롱하게 서로 어우러져 있다. 인간 세상과 서로 접하지 않으므로 아득하여 마치 별천지와 같다. 빈 누정 안에서 멀리 바라보면 넓은 수백 리 사이에는 산이 있어서 마주 대할 수 있고, 물이 있어서 구경할 수가 있다. 산은 동북쪽에서부터 달려와서 서남쪽으로 구불구불 내려갔는데, 이름은 옹암산(瓮巖山)·금성산(金城山)·용천산(龍泉山)·추월산(秋月山)·용구산(龍龜山)·몽선산(夢仙山)·백암산(白巖山)·불대산(佛臺山)·수연산(修緣山)·용진산(湧珍山)·어등산(魚登山)·금성산(錦城山) 등이다. 바위가 괴상하고 아름다우며, 내와 구름이 아득히 끼어 있어서 놀랍기도 하고 아름답기도 하다.

물이 용천(龍泉)에서 나온 것은 읍내를 지나 백탄(白灘)이 되었는데 굽이치고 가로질러 흘러 빙빙 감돌며, 옥천(玉川)[48]에서 발원(發源)한 것은 여계(餘溪, 오례천)라 하는데 물결이 잔잔하며 맑고 누정의 기슭을 감돌아 아래로 흘러 백탄과 합류한다. 그리고 넓은 들은 추월산 아래에서 시작되어 어등산 밖에 펼쳐져 있는데, 그 사이에는 구릉과 나무숲이 마치 한 폭의 그림처럼 펼쳐져 있다.

마을은 여기저기 흩어져 있고 밭두둑이 마치 아로새긴 듯하여 사시(四時)의 경치가 이와 더불어 무궁하게 펼쳐진다. 누정에는 산이 빙 둘러 있고 경치가 그윽하여 고요히 보면서 즐길 수 있고, 밖은 탁 트이고 멀리 아득히 보여서 호탕한 흉금을 열 수 있으니, 앞에서 말한 '탁 트여서 좋고 아늑하여 좋다'는 것이 어찌 사실이 아니겠는가.

처음에 공의 선조(先祖)가 관직을 그만두고 기곡에 거주하니, 자손들이 인하여 이곳에 집터를 정하게 되었다. 누정의 옛터는 곽씨(郭氏) 성을 가진 자가 거주하고 있었는데, 일찍이 꿈에 의관(衣冠)을 갖춘 선비들이 자주 와서 모이는 것을 보고는, 자기 집에 장차 경사가 있을 조짐이라고 생각하여, 아들을 산사(山寺)의 승려에게 부탁하여 공부하게 하였다. 그러나 그가 성공하지 못하고 빈궁하게 되자 마침내 그곳에 있는 나무를 베어 버리고 사는 곳을 옮겨버렸다.

공이 재물을 주고 이곳을 사서 얻자, 마을 사람들이 모두 와서 축하하기를 "곽씨의 꿈이 징험이 있다." 하였으니, 이것은 조물주가 신령스러운 곳을 감추어 두었다가 공에게 준 것이 아니겠는가.

---

48 옥천(玉川) : 담양군 대덕면 문학리에 있다.

공은 다시 새로운 집을 제월봉 남쪽에 지었는데, 면앙정과 가깝기 때문이었다.

누정의 터는 갑신년(1524년)에 얻었고, 누정을 짓기 시작한 것은 계사년(1533년)이었으며, 그 후 그대로 방치되었다가 임자년(1552년)에 이르러 중건하니, 그제야 탁 트이고 아늑하여 보기 좋은 것이 모두 다 드러나게 되었다.

공은 일찍이 누정의 이름을 지은 뜻을 나에게 보여 가르쳐 주었으니, 그 뜻은 "굽어보면 땅이 있고 우러러보면 하늘이 있는데, 이 언덕에 누정을 지으니 그 흥취가 호연(浩然)하다. 풍월을 읊고 산천을 굽어보니 또한 나의 여생을 마치기에 족하다."는 것이었다. 공의 이 말씀을 음미해 보면 공이 면앙에 자득(自得)한 것을 상상할 수 있을 것이다.

아! 갑신년으로부터 지금까지는 40여 년이 지났는데 그 사이 슬픈 일과 기쁜 일, 좋은 일과 궂은 일이 진실로 이루 말할 수 없이 반복되었다. 그러나 공이 굽어보고 우러러보며 여기에서 소요(逍遙)한 것은 끝내 올바름을 잃지 않았으니 어찌 가상하지 않겠는가. 나는 여기에 이름을 남기는 것을 영광으로 여겨 감히 사양하지 못하였으니 또한 이러한 뜻이 있어서였다. 이에 이 글을 쓰노라.

문헌공 고봉(高峯) 기대승(奇大升) 짓다
후학 진원(珍原) 박경래(朴景來)[49] 삼가 쓰다

仰亭在潭陽府之西錡谷之里, 今四宰宋公之所營也. 余嘗從公遊

於亭之上, 公爲余道亭之故, 徵余文爲記. 余觀亭之勝, 最宜於曠, 而又宜於奧, 柳子所謂"遊之適, 大率有二者." 亭可兼而有也. 亭東山曰 '霽月峯', 峯支向乾方, 稍迤而遽隆, 勢如龍首之矯, 亭正直其上. 爲屋三間, 四虛, 其西北隅, 極夐絕, 屛以密竹, 蕭槮悄蒨. 東下廓之, 構溫室數楹植花卉, 繚以短垣. 循峯脊延于左右谷, 長松茂樹, 惹瓏以交加, 與人煙不相接, 迥然若異境焉. 憑虛以望, 則曠然數百里間, 有山焉, 可以對而挹也, 有水焉, 可以臨而玩也. 山自東北而馳, 迤邐於西南者, 曰瓮巖, 曰金城, 曰龍泉, 曰秋月, 曰龍龜, 曰夢仙, 曰白巖, 曰佛臺, 曰修緣, 曰湧珍, 曰魚登, 曰錦城. 其巖崖之詭麗, 煙雲之縹緲, 可愕而可嘉. 水之出於龍泉者, 過府治爲白灘, 屈折橫流, 汩瀁渟洄, 發於玉川者, 名曰餘溪, 漣漪澄瀅, 廻帶亭麓下, 合於白灘. 蒼茫大野, 首起於秋月山下, 尾撤於魚登之外, 間以丘陵林藪, 錯如圖畫, 聚落之雜襲, 丘塍之刻鏤, 而四時之景, 與之無窮焉. 亭之環合幽窅, 足以專靜謐之觀, 其寥廓悠長, 可以開浩蕩之襟, 向所謂宜於曠宜於奧者, 其不信矣乎? 始公之先祖, 解官而居于錡, 子孫因家焉. 亭之舊址, 則郭姓者居之, 得異夢見衣纓之士, 頻來盍簪, 謂其家之將有慶, 托子於山僧以學書. 及其無成而且窮, 乃伐其樹而遷其居. 公以財貿而獲之, 里之人, 皆來賀, 以郭之夢爲有驗云, 斯無乃造物者, 蓄靈閟祉, 以遺於公耶? 公又築新居于霽月

---

49 박경래(朴景來, 1946~) : 현재 광주에서 활동하고 있는 한학자. 본관은 진원(珍原), 자는 경보(敬甫), 호는 녹양(綠洋)이다.

之陽, 取其與亭近也. 亭之地, 得於甲申, 亭之起, 始於癸巳, 後仍頹廢, 至壬子重營而後, 曠如奧如之適, 無不盡也. 公甞揭其名亭之意以示客, 其意若日, "俛焉而有地也, 仰焉而有天也, 亭于玆之丘, 其興之浩然也, 招風月而 山川, 亦足以終吾之餘年也."味斯語也, 公之所以自得於 仰者, 蓋可想也. 噫! 自甲申迄于今四十有餘年, 其間悲歡得喪, 固有不勝言者, 而公之俛仰逍遙者, 終不失正, 豈不尙哉? 余之以托名爲幸, 而不敢辭者, 意亦有以也, 於是乎書.

文憲公 高峯 奇大升 記
後學 珍原 朴景來 謹書

광주문화재단 누정총서 3
면앙정

초 판 1쇄 찍은 날 2018년 12월 11일
초 판 1쇄 펴낸 날 2018년 12월 17일

글 최한선
현판 번역 김대현
여행 길잡이 전고필
사진 안갑주

펴낸곳 (재)광주광역시 광주문화재단
펴낸이 김윤기
발행부서 (재)광주광역시 광주문화재단 전통문화관 무등사업팀
      61493 광주광역시 동구 의재로 222
      전화 062-232-2152

만든곳 도서출판 심미안
주소 61489 광주광역시 동구 천변우로 487(학동) 2층
전화 062-651-6968
팩스 062-651-9690
메일 simmian21@hanmail.net
블로그 blog.naver.com/munhakdlesimmian
등록 2003년 3월 13일 제05-01-0268호

값 10,000원
ISBN 978-89-6381-266-3 04900
ISBN 978-89-6381-263-2 (SET)